UNIVERSITÉ D'AIX-MARSEILLE
FACULTÉ DE DROIT D'AIX

ÉCONOMIE POLITIQUE

LE
SYNDICAT MIXTE

INSTITUTION PROFESSIONNELLE,
D'INITIATIVE PRIVÉE, A TENDANCE CORPORATIVE

THÈSE POUR LE DOCTORAT

Présentée et soutenue

PAR

Adéodat **BOISSARD**

AVOCAT

PARIS
LIBRAIRIE NOUVELLE DE DROIT ET DE JURISPRUDENCE
ARTHUR ROUSSEAU
ÉDITEUR
14, rue Soufflot, et rue Toullier, 13

1896

THÈSE

DE

DOCTORAT

UNIVERSITÉ D'AIX-MARSEILLE

FACULTÉ DE DROIT D'AIX

ÉCONOMIE POLITIQUE

LE

SYNDICAT MIXTE

INSTITUTION PROFESSIONNELLE, D'INITIATIVE PRIVÉE, A TENDANCE CORPORATIVE

THÈSE POUR LE DOCTORAT

Présentée et soutenue

PAR

Adéodat **BOISSARD**

AVOCAT

PARIS

LIBRAIRIE NOUVELLE DE DROIT ET DE JURISPRUDENCE

ARTHUR ROUSSEAU

ÉDITEUR

14, rue Soufflot, et rue Toullier, 13

1896

AVANT-PROPOS

—

Tout exposé d'un remède radical ou d'un adoucisse-
ment partiel au malaise social que personne ne nie
comporterait classiquement un développement préalable
sur la crise que traverse la société moderne.

Nous ne sacrifierons pas à cette tradition : ce serait
fatiguer l'attention à du *déjà dit*, sans pouvoir prétendre mieux dire que nos innombrables prédécesseurs.

Des causes multiples du désordre actuel et de l'antagonisme des classes, nous n'en dégagerons, dans la
mesure nécessaire, qu'une seule qui nous paraît des
plus influentes : à savoir, l'anarchie légale, l'individualisme à l'état de dogme que notre siècle XIXᵉ a vu prési-
der à toutes les relations d'ordre économique et social.

Il eût été intéressant d'opposer à ces errements des
générations qui disparaissent le tableau très complet de
la refloraison universelle des systèmes d'organisation
sociale basés sur l'association, la solidarité professionnelle ; d'énumérer les progrès des théories et des institutions proprement corporatives ; de mettre en

lumière les faits positifs et les symptômes non équi-
voques qui semblent garantir l'avenir de cette réaction.

Mais c'était là un travail considérable et de longue
haleine : nous devrons nous borner à une rapide es-
quisse.

Et nous n'étudierons consciencieusement que la
théorie et la pratique d'une seule institution, spéciale
et bien définie, localisée en France, d'initiative privée,
visant le rapprochement des classes et l'organisation
professionnelle : le *syndicat mixte*.

Cette institution, prônée surtout jusqu'à présent, dans
notre pays, par une école de penseurs et d'hommes
d'œuvres, catholiques et désintéressés, inaptes par conséquent au bruit et à la réclame, paraît vraiment réaliser au mieux tous les desiderata d'amélioration du
régime du travail et d'entente fraternelle entre agents
de la production.

Ce serait une récompense inégale à la valeur de ce
modeste travail si, ayant servi à faire connaître cette
féconde institution, il contribuait à la faire pratiquer
davantage.

CHAPITRE PREMIER

COUP D'ŒIL HISTORIQUE : SUPPRESSION DES CORPORATIONS DE MÉTIERS ; ANARCHIE ; RENAISSANCE DE L'IDÉE CORPORATIVE (1).

SOMMAIRE : — I. Destruction doctrinaire et révolutionnaire. — Abolition des corporations et suppression du droit d'association. — II. Anarchie qui en résulte. — Oppression du travail par le capital : l'individualisme, le machinisme, les sociétés anonymes. — La guerre sociale : les coalitions et les grèves. — Nécessité, légitimité, utilité du droit de grève. — III. L'association, nécessité de droit naturel ; renaissance de l'idée corporative. — Mouvement des esprits et des institutions en France. — Les associations de fait, avant la loi de 1884. — Vestiges de corporations passées ; Compagnonnages ; Chambres syndicales. — Les partisans du retour à l'organisation corporative : l'œuvre des Cercles catholiques d'ouvriers. — IV. Les progrès de l'idée corporative à l'étranger : les lois et les mœurs. — Les pays où s'est exercée l'influence française : Belgique, Hollande, Suisse. — L'Angleterre et les Trades-Unions ; les Etats-Unis. — L'Allemagne : les associations libres et les institutions d'État. — L'Autriche : la loi de 1883 et les corporations obligatoires. — Hongrie ; Italie ; Russie ; Pays scandinaves et ibériques.

(1) Bibliographie :

HUBERT VALLEROUX : *Les Corporations d'arts et métiers et les syndicats professionnels en France et à l'étranger.*

GEORGES BRY : *Cours de législation industrielle* (Introduction

I

C'est une règle générale et de nature humaine que chaque âge, chaque génération éprouve le besoin d'opérer des changements dans l'état de choses que lui lèguent les âges précédents. — D'ordinaire ces transformations, progrès ou reculs, se produisent insensiblement et sans heurt. — Parfois au contraire, elles sont le résultat de réactions violentes et s'exécutent tout d'une pièce, non sans brisements, non sans ruines.

12-19. Liberté collective : 206-224. Liberté corporative : 224-293).

VICTOR BRANTS : *Le Régime corporatif au XIXe siècle dans les États germaniques. — Hier et demain : Les Conseils d'ouvriers et la paix sociale* (épuisé).

COMTE DE PARIS : *Les associations professionnelles en Angleterre.*

HOWEL : *Le passé et l'avenir de Trades-Unions* (Trad. de Le Cour-Grandmaison).

RAOUL JAY : *La question ouvrière en Suisse ; une corporation moderne.*

A. GIBON : *Les Conseils d'usine ; patronage et socialisme.*

JULIEN WEILLER : *L'organisation des conseils d'arbitrage en Angleterre.*

CHARLES DE RIBBE : *Les prud'hommes pêcheurs de la Méditerranée.*

CLAUDIO JANNET : *Les portefaix des docks de Marseille.*

Abbé A. KANNENGIESER : *Catholiques allemands* (chap. III : les œuvres catholiques et le rôle social du clergé.)

Il fut une époque, il y a cent ans, où nos pères, après s'être trop servilement courbés peut-être sous la contrainte de routines surannées, regimbèrent tout à coup avec fureur, et de tout ce dont ils avaient vécu jusqu'alors, il leur parut que rien ne devait subsister.

Si la Révolution n'entra proprement dans le domaine des faits qu'à partir de 1789, elle grondait déjà dès longtemps dans les têtes, et le parti-pris démolisseur inspira les doctrines bien avant qu'il ne dictât les lois.

L'époque médiévale avait transmis à la France du XVIIIe siècle, dans le domaine des arts et métiers, une institution très caractéristique, consacrée par une longue existence et les services rendus : les *corporations*.

Ce n'est point ici le lieu d'en faire l'étude complète et approfondie, d'en dégager la critique passionnée ou d'en extraire une apologie exagérément élogieuse.

Il est incontestable, d'ailleurs, que les corporations ne se présentaient pas sous Louis XVI dans la pureté primitive et avec les mêmes caractères que revêtaient les Corps de métiers du temps du bon roi saint Louis. — On pouvait aisément exploiter contre elles les ridicules d'une réglementation minutieuse et tracassière, et les entraves d'un monopole vexatoire et jalousement défendu.

Mais il est certain, aussi, qu'à une époque où la grande industrie n'existait point encore, les métiers incorporés n'englobaient pas, tant s'en faut (même les manufactures royales mises à part), tout le travail national, puisque les corporations ne fonctionnaient que dans certains centres déterminés et restreints.

Aussi leurs inconvénients, nés du reste pour la plupart de l'intervention du pouvoir royal dans un but de fiscalité, — facilement réformables, ne constituaient pas du tout un obstacle insurmontable aux nécessités économiques et à la liberté du travail et des transactions.

De toute façon, ces antiques corporations perpétuaient, par le prestige de séculaires traditions dans le milieu des gens de métier, l'esprit de solidarité professionnelle ; elles conservaient, malgré tout, l'aspect de familles agrandies et hiérarchisées où chacun avait à remplir les devoirs corrélatifs d'autorité et de protection, de respect et de déférence, et où tous se trouvaient unis par les liens d'une plus intime fraternité chrétienne. Elles n'étaient donc ni complètement nuisibles, ni même à beaucoup près inutiles ; aussi les intéressés, tout en demandant des réformes, se gardaient bien de réclamer leur suppression.

Mais les doctrinaires les avaient condamnées à mort. — Leur glas sonna le jour où l'un de ces réformateurs devint premier ministre.

Turgot était à peine depuis dix-huit mois contrôleur général des finances, qu'il soumettait, en février 1776, à la signature du roi six édits par lesquels étaient supprimées les jurandes et les maîtrises, les communautés et les confréries d'arts et métiers : cela, sans compensation ni indemnité pour les intérêts lésés.

Le préambule de l'édit d'abolition, en proclamant la liberté du travail, ne se bornait pas à stigmatiser la réglementation ancienne et « ces espèces de codes obscurs rédigés par l'avidité, adoptés sans examen dans les temps d'ignorance et auxquels il n'a manqué, pour être l'objet de l'indignation publique, que d'être connus ». Il *condamnait le principe du droit d'association*.

« La source du mal est, disait-il, dans la faculté même accordée aux citoyens d'un même métier de s'assembler et de se réunir en un corps. »

Le flot des protestations monta si puissant et si formidable, qu'il entraîna avec lui le ministre novateur.

Six mois après leur suppression les corporations étaient rétablies.

Mais les communautés de métiers renaissantes et rajeunies ne devaient pas expérimenter longtemps les avantages de leurs nouvelles conditions d'existence : « L'Assemblée Constituante, qui s'était donné pour mission de détruire l'ordre social ancien et d'établir un ordre nouveau suivant les plans proposés par les écrivains dont elle vénérait les idées » (1), allait bientôt leur donner le coup de grâce.

(1) Hubert Valleroux, p. 120.

Cette fois, les résistances et les réclamations devaient être vaines ; et quelques réunions illégales d'artisans ayant été signalées aux législateurs, ceux-ci décrétaient :

Décret des 14-17 juin 1791. — Art. 2. « Les citoyens d'un même état ou profession, les entrepreneurs, ceux qui ont boutiques ouvertes, les ouvriers et compagnons d'un art quelconque ne pourront, lorsqu'ils se trouveront ensemble, se nommer ni président, ni secrétaire, ni syndic ; tenir des registres, prendre des arrêtés ou délibérations, former des règlements sur *leurs prétendus intérêts communs* »

Les différends concernant les questions de métiers, divertis de la compétence de leurs juges naturels, ressortissaient désormais de la *lieutenance générale de police*.

II

L'ancien organisme économique et social était donc brisé, détruit, et, de parti pris, il ne lui était rien substitué d'équivalent. Les théoriciens du nouveau régime ne voulaient pas qu'aucune puissance s'interposât entre l'individu chétif et perdu dans un isolement systématique, et l'État souverain, infaillible et tout-puissant. L'ouvrier et le patron, le travailleur manuel et le capitaliste se rencontraient face à face et traitaient de gré à gré, sous l'égide de la prétendue égalité des droits.

Or, cette égalité individuelle eût-elle encore été parfaite de par la loi, que n'en eût pas été moins exact, en pratique, l'axiome de Lacordaire : dans le conflit entre la force et la faiblesse, c'est la liberté qui opprime.

L'on pouvait, dès lors, prédire tous les excès de la lutte sociale sans même entrevoir les transformations qu'allaient subir les conditions du travail sous l'influence des grandes découvertes se multipliant comme à l'envi.

Bientôt, en effet, dans l'industrie révolutionnée par l'invention des machines, la création des voies de communication nouvelles et des modes rapides de transport, l'agglomération des ateliers et la concentration des capitaux, l'ouvrier isolé n'apparaît plus que comme un numéro facilement remplacé par un autre, si ce numéro ose prétendre à une indépendance ; et plus cuisantes que l'exploitation matérielle se font sentir les blessures morales occasionnées par la substitution des procédés administratifs aux coutumes familiales des métiers : la naissance des sociétés anonymes et des grandes entreprises avec direction confiée à des gérants n'était pas de nature à resserrer les liens entre le capital et le travail (1).

(1) BRY, p. 22.

Dans ce nouvel état du monde industriel, la révolte apparaît comme une affaire de jours ; et, à défaut de l'association permanente, légale et pacifique dont les bienfaits lui étaient refusés, l'ouvrier opprimé et aigri allait fatalement recourir aux ententes occasionnelles, désordonnées et violentes : bien impuissantes devaient être les prohibitions légales à empêcher les coalitions et les grèves de venir remplir leur rôle dans le drame en jeu.

Il est bon de proclamer ici, et de prouver une fois de plus la nécessité, la légitimité et l'efficacité du droit de grève. Ce droit naturel et absolu d'abstention collective est, en effet, fortement attaqué aujourd'hui dans son principe même, et injustement menacé dans une partie de son champ d'application.

Or si l'exercice de ce droit ressemble à celui d'un instrument de combat dont l'usage, généralement blessant, peut quelquefois devenir injuste et excessif, il n'en est pas moins vrai que l'emploi, comme celui d'une arme loyale, doit en être reconnu licite sous la réserve de l'observation des règles d'attaque et de parade.

Le droit de coalition et de grève est *nécessaire* en tant que condition d'équilibre social, étant données la puissance considérablement accrue du capital et la désorganisation systématiquement imposée au monde du travail.

« La liberté de la concurrence exige la reconnaissance de ce droit. S'il s'agissait toujours d'ouvriers peu nombreux et de patrons de la petite industrie, on pourrait se trouver en présence de luttes à armes égales. Mais le patron, en particulier dans la grande industrie, a une puissance que l'ouvrier n'a pas... l'ouvrier isolé ne peut combattre efficacement. N'y a-t-il pas souvent des habitudes prises, une coutume plus forte que les lois changeantes de l'offre et de la demande et que la résistance d'un seul individu ne pourra vaincre?

« En face du *capital*, il faut, pour égaliser les chances, placer non pas un seul ouvrier, mais le *travail* tout entier représenté par la masse des travailleurs (1) ».

Les coalitions et les grèves sont d'ailleurs, dans leur mise en pratique, *parfaitement légitimes*.

« L'ouvrier pris isolément a bien le droit de refuser son travail si les conditions offertes ne lui conviennent pas; de quitter l'atelier, lorsque son engagement a pris fin, pour chercher du travail ailleurs;... il faut des circonstances exceptionnelles pour qu'un acte licite, quand un seul l'accomplit, devienne coupable lorsque plusieurs personnes s'entendent pour l'exécuter (2) ». — D'ailleurs, qui oserait incriminer le ou les patrons qui se décideraient à fermer leur usine, ne voulant pas marcher à perte? — Qui donc pourrait aussi raisonnablement dénier aux ouvriers le droit de ne

(1) Bry, p. 217.
(2) Bry, p. 216-217,

pas continuer à travailler à des conditions qu'ils jugent non rémunératrices?

Enfin, les grèves sont un *moyen efficace* pour l'ouvrier de faire écouter ses revendications.

Sans nul doute, beaucoup de grèves échouent, et aucune ne va sans entraîner de grandes pertes et de grandes souffrances pour les vainqueurs comme pour les vaincus. Mais, si l'ouvrier privé de son labeur journalier est vite acculé à la misère, les longs chômages sont mortels à certaines industries, surtout avec les immobilisations considérables de capitaux qu'entraînent les installations modernes et les outillages perfectionnés : aussi, combien d'améliorations ont été obtenues par la seule crainte de la cessation du travail et qui ne figurent pas au bilan général dans la colonne des succès.

Quoi qu'il en soit, la grève est toujours un état déplorable, parce que c'est un état de guerre. — Dans la situation issue de l'anarchie et de l'individualisme datant d'un siècle, c'était et c'est encore un *mal nécessaire*, dont le seul remède est l'association, l'organisation.

III

La société née de la Révolution a pu vivre cent ans en se refusant l'usage de ce droit primordial et de cette nécessité d'ordre naturel : la liberté d'association ; mais cette vie centenaire n'a été qu'une longue convulsion enfiévrée et douloureuse : il est des organes de la suppression desquels le fonctionnement normal et régulier de la vie ne saurait s'accommoder.

La liberté collective est aussi essentielle à l'être humain que la liberté individuelle. L'homme n'est pas fait pour vivre seul, et certains intérêts dérivés des relations professionnelles, tant matériels que moraux, tant des patrons que des ouvriers, exigent que l'on en cause, que l'on en délibère, qu'on y réfléchisse et pourvoie en commun.

Les prohibitions légales ne peuvent longtemps prévaloir contre les exigences économiques et les besoins humains, et la suppression, la proscription des corps de métiers ne devait jamais, en pratique, faire disparaître tout concert, toute entente, toute organisation entre gens de la même profession. — Aussi y aurait-il toute une histoire intéressante à écrire de la réaction en faveur de l'idée corporative, de ses débuts, c'est-à-dire du moment même de la cessation de l'ancien régime, jusqu'à nos jours, dans le domaine des faits et des institutions, comme dans celui des théories et des polémiques.

Il faudrait signaler, d'abord, les tentatives en faveur du rétablissement pur et simple de l'ordre ancien et la réorganisation momentanée et partielle, par les pouvoirs publics, de quelques corporations spéciales telles

que les boulangers et les bouchers. Puis, l'on pourrait
énumérer certaines sociétés issues sans aucun doute
des vieux corps de métiers et qui se sont perpétuées
sans discontinuité jusqu'à nos jours. Telles sont les
juridictions arbitrales des prud'hommes pêcheurs de la
Méditerranée (1), les portefaix des docks de Marseille
et des entrepôts de Nantes (2), les brouettiers du grand
corps au Hâvre (3), les crocheteurs de Lyon, les rou-
leurs de Boulogne-sur-Mer (4).

Il conviendrait de mentionner aussi la persistance des
différents *devoirs et compagnonnages* et, enfin, la création des *chambres syndicales* bien avant le vote de la
loi de 1884.

Les chambres syndicales de patrons s'organisèrent
de très bonne heure comme élément de résistance aux
compagnonnages. Les chambres syndicales ouvrières ne
se développèrent que beaucoup plus tard, à la faveur
de tendances gouvernementales plus libérales et à la
suite des rapports des délégations aux expositions
étrangères, où les travailleurs français virent à l'œuvre les associations professionnelles des autres pays.
Mais, elles aussi se manifestèrent surtout comme des

(1) Voir DE RIBBE : *Les prud'hommes pêcheurs de la Méditerranée.*

(2) LE COUR-GRANDMAISON : *Association catholique,* 1883, 15 mars,
pages 320 et s.

(3) LANCRY : *Justice sociale,* du 14 déc. 1895.

(4) CLAUDIO JANNET : *Réforme sociale,* 1885, p. 293.

organismes de lutte et se confondirent le plus souvent avec les caisses des grèves.

Cependant, chambres de patrons et d'ouvriers s'étaient groupées en Unions puissantes : les statuts élaborés par la plupart d'entre elles et les institutions réalisées par quelques-unes paraissaient impliquer l'intelligence de la vraie et féconde pratique corporative.

Lors de la promulgation de la loi de 1884, les groupes de patrons étaient, à Paris, au nombre de 185, réunissant 25,000 membres ; en province, il en existait 103 répartis entre 52 villes. Quant aux Chambres syndicales ouvrières, on en comptait à Paris 237 avec environ 50,000 membres et plus de 600 pour l'ensemble des départements.

Ce qui manquait entre ces tronçons corporatifs, c'était l'union, l'action pacifique et commune. Ils semblaient n'avoir été créés que pour activer la guerre née de la destruction révolutionnaire et de l'anarchie économique, voulue, légale, qui en avait été la suite.

Quelques tentatives avaient, toutefois, été faites à Paris, à Saint-Étienne, dans le but de rapprocher ces organisations adverses et de les faire concourir au bien commun ; une seule avait réussi, et « les deux chambres parisiennes en papier peint avaient établi une *Chambre mixte* qui s'était occupée non seulement des tarifs du salaire, mais des questions d'apprentissage et d'éducation professionnelle (1). »

(1) HUBERT VALLEROUX, p. 352.

C'était cette réunion normale et féconde de tous les facteurs de la production industrielle, condition du bien-être matériel et de l'apaisement moral, que préconisèrent alors successivement des économistes de différentes écoles et des hommes du métier. C'est elle que se proposaient comme but les promoteurs de la *Corporation chrétienne* voilà déjà aujourd'hui plus d'un quart de siècle.

Après les années d'ordre extérieur et de prodigieux développement industriel de la fin du second Empire, ç'avait été un douloureux réveil que les sombres horreurs de la Commune, sanglante et flambante manifestation de l'antagonisme des classes et de la profondeur des haines accumulées par le prolétariat contre le capital.

C'est pour remédier à l'isolement et aux sentiments de révolte de l'ouvrier, « à cet antagonisme fatal qui l'éloigne du patron, qui tient séparés ces deux facteurs de la production dont l'entente est la condition indispensable de la paix sociale et de la prospérité nationale (1) », que l'*Œuvre des cercles catholiques d'ouvriers* se mit à prôner avec toute l'ardeur et tout le dévouement de ses fondateurs, le retour aux institutions corporatives brutalement renversées par la Révolution et appelées à unir de nouveau maîtres, compagnons et apprentis dans l'étude et la poursuite communes des intérêts de la profession et de ses divers éléments.

_____

(1) DE MUN, cité par Nitti : *Le Socialisme catholique*, p. 287.

Aussi M. de Mun allait intervenir, tout animé du généreux entrain de l'apostolat entrepris en faveur de cette résurrection, pour soutenir la cause de la corporation chrétienne dans la discussion de la loi qui devait proclamer enfin la liberté des syndicats professionnels.

Mais avant de passer à l'étude de cette loi du 21 mars 1884, jetons un rapide coup d'œil sur les vicissitudes du droit d'association, et sur l'état actuel de l'organisation professionnelle dans les pays étrangers.

IV

Si nous considérons, d'abord, les pays sur lesquels s'est étendue l'influence française (mais aussi bien s'est-elle étendue à peu près partout, sinon par les armes, du moins par les idées), nous voyons la *Belgique* devenir momentanément département français, et, dès lors, disparaître ces puissants groupes corporatifs qu'on appelait *nations*, la gloire, au Moyen Age, des riches cités flamandes. — Rien, d'ailleurs, de solidement, de méthodiquement organisé n'est venu les remplacer : aussi, dans ce petit pays où la grande industrie prend un développement extraordinaire, verra-t-on bientôt se produire des conflits extrêmement aigus entre le capital et le travail.

En effet, la liberté d'association est inscrite à la Charte,
mais, côte à côte, se déploie la liberté de l'industrie,
sans que rien d'abord vienne limiter légalement l'avidité insatiable du capital. — Actuellement, les Belges
s'accusent d'être aussi en retard en matière d'association professionnelle, et l'on peut avoir confiance que ce
petit royaume dont le gouvernement a tant et si bien
fait depuis quelques années en matière de législation
industrielle, devra sous peu à son ministère catholique,
et, en particulier, aux convictions sagement novatrices
de son ministre du travail, M. Nyssens, une bonne loi
sur les syndicats. Les nouvelles dispositions législatives
qui seront, sans doute, proposées dans ce sens ne sauraient évidemment manquer au devoir d'encourager les
institutions d'initiative privée, qui, comme le *Conseil
d'arbitrage*, les *Chambres d'explication* et *bureau de
conciliation des charbonnages de Mariemont et de
Bascoup*, réunissent en des rapports constants et des
délibérations fréquentes et communes les délégués des
patrons et des ouvriers, pour le plus grand bien des intérêts de tous et de la paix sociale (1).

(1) Les institutions de Mariemont et Bascoup ont pour but d'éviter
autant que possible tous les conflits et tous les malentendus entre
patrons et ouvriers, en supprimant dès le début toutes les causes
de mécontentement et en éclaircissant tout ce qui pourrait faire
naître des préventions réciproques. Les conseils s'occupent très
spécialement de la question des *salaires,* mais sans exclure les
œuvres de prévoyance et d'assistance que nombre d'établissements

Si nous passons de Belgique en *Suisse,* nous constatons ici aussi le défaut d'une organisation d'ensemble. De puissantes associations ouvrières effraient par leurs tendances socialistes la majorité agricole du corps électoral fédéral. Mais la décentralisation et l'autonomie des cantons se prêtent à d'intéressantes expériences lo-

---

industriels constituent autour de leurs usines ou de leurs chantiers. « C'est ainsi qu'à Mariemont, à côté de la caisse régionale de prévoyance qui fonctionne pour le district de Hainaut-Centre, il existe des caisses particulières de secours, un service sanitaire, des sociétés coopératives de consommation, des caisses d'épargne, une école industrielle, une société d'instruction populaire, des sociétés excursionnistes, horticoles, une harmonie, un orphéon, toutes œuvres qui concourent au développement matériel, intellectuel et moral de l'ouvrier. Et, toujours dans le même esprit qui a présidé à la création des conseils d'arbitrage et de conciliation, l'administration des charbonnages s'est ingéniée à réduire au strict minimum son intervention, voulant permettre à ses collaborateurs d'exercer le plus possible leur initiative personnelle dans la gestion et l'administration de ces diverses institutions..... Au fond, c'est le fonctionnement du syndicat mixte. » *Association catholique,* 15 déc. 1895, p. 616 et 617.

L'exemple de la société des charbonnages a été imité depuis quelques années dans plusieurs usines et chantiers, notamment dans le chantier de l'ardoisière La Plet à Alle, province de Namur, et dans la manufacture de draps Iwan Simonis et Cie à Verviers (*Bulletin de l'Office du Travail* de janv. 1895). Un conseil de conciliation établi en 1891 dans l'usine Baudoux (usine des verreries de Jumet), où lors de la terrible grève de 1886, ateliers et maisons d'habitation des patrons avaient été incendiés, a complètement rétabli la bonne harmonie dans ce milieu si divisé auparavant.

cales. Le canton montagneux de Saint-Gall s'est distingué entre tous par une récente tentative de résurrection corporative : la fédération des brodeurs de Saint-Gall, qui s'étend à la Suisse orientale et au *Vorarlberg*, est constituée, en fait, depuis 1885, sur les bases d'une véritable corporation fermée, réglant la production et déterminant un prix minimum du produit et un salaire minimum pour les ouvriers (1).

La *Hollande* ne connaît que des associations purement ouvrières, les unes socialistes, les autres à tendances religieuses.

En *Angleterre*, nous trouvons les fameuses *Trades-Unions*, dont le rôle est bien diversement apprécié suivant les auteurs.

Les corporations ont été supprimées ou annihilées en fait, bien avant partout ailleurs, lors de la confiscation de leur patrimoine sous Henri VIII ; les associations ouvrières, assez semblables à nos compagnonnages, mais plus nombreuses et plus complexes qu'eux, leur survécurent malgré les prohibitions réitérées et les peines souvent barbares qui les sanctionnaient. Aussi le développement de la grande industrie trouva-t-il les ouvriers organisés pour la résistance, et si, en aucun pays, les excès de l'exploitation capitaliste ne furent plus odieux,

---

(1) RAOUL JAY, étude sur la question ouvrière en Suisse : *Une Corporation moderne.*

nulle part, non plus, on ne vit plus terribles représailles.

Les unions ouvrières, prohibées par la loi ou exposées aux vexations des industriels, recoururent au poignard et à la mine : ce fut, dans certains centres comme Sheffield, le règne momentané du crime et de l'épouvante : c'est là, sans doute, ce que les admirateurs convaincus de la Grande-Bretagne appellent avec émotion : *l'ordre dans la liberté !*

Quoi qu'il en soit, il fallut bien constater que la persécution des unions ouvrières pouvait devenir dangereuse, et on leur reconnut le droit de vivre et de posséder.

La propriété en a assagi plus d'une.

« Plus les Trades Unions s'étendent et se fortifient, écrit le comte de Paris, plus aussi elles se modèrent dans leurs allures. Lorsqu'elles sont peu nombreuses et isolées, un esprit intolérant les anime souvent. A mesure qu'elles grandissent, elles sentent mieux la responsabilité de leurs actes ». Elles cessent d'être sociétés de combat pour devenir sociétés de secours.

Certaines sont fort riches et possèdent un capital qui se chiffre par millions.

Ce sont ces puissantes sociétés qui ont facilité, en bien des cas, l'organisation des conseils de conciliation et d'arbitrage qui rendaient les plus grands services pour la solution pacifique des conflits entre patrons et ouvriers.

Mais, si cela est vrai de quelques unions, cela n'est pas vrai de toutes ; à côté des anciennes qui consacrent la plus grande partie de leurs ressources à entretenir de nombreuses et remarquables institutions de prévoyance et d'assurance, d'autres, qui constituent le *Neo-Trade-Unionisme*, se considèrent comme de simples machines de guerre et ne veulent s'embarrasser d'aucune caisse de secours. Tout leur argent passe à susciter et à entretenir les grèves. — Ces dernières associations s'inspirent dans leurs revendications des théories du socialisme d'État et même du collectivisme ; leur influence devient de plus en plus grande sur le mouvement général ouvrier, et leur prépondérance s'est clairement manifestée dans les derniers congrès annuels, notamment au vingt-septième, tenu à *Norwich* en septembre 1894. Et si le dernier et vingt-huitième, réuni à *Cardiff* en septembre 1895, a vu voter cette motion d'ordre excellente que ne seraient plus admis désormais à figurer dans les assemblées ouvrières que les *travailleurs effectifs*, à l'exclusion des politiciens, il ne s'est pas du tout dégagé, du reste, des résolutions de principes de ses prédécesseurs, particulièrement en ce qui concerne la nationalisation du sol (1).

---

(1) Pour le rapport concernant 1893, 687 unions, dont 513 enregistrées conformément à la loi et 84 non enregistrées, ont fourni des renseignements.

Parmi ces unions, 97 possèdent des branches locales atteignant à la fin de 1893 le chiffre de 6,879. A côté de ces unions diverses, le ministère du commerce avait constaté l'existence, à la fin de 1893, de 118 autres non enregistrées sur lesquelles il n'a pu obtenir au-

En face de ces unions ouvrières si redoutables et qui ont fait tant parler d'elles, se sont fondées des unions de patrons pour la résistance. Aussi, si à la suite de grèves longues et incidentées de violences dont tout le monde actuellement reconnaît les effets ruineux, des rapprochements intéressés se sont produits entre employeurs et salariés, il faut le reconnaître : ces négociations constituent des trèves occasionnelles qui ne permettent pas de conclure à l'apaisement des esprits et à l'union des cœurs. — Conséquence du caractère éminemment pratique et opportuniste de l'esprit anglais, c'est là un *état de paix armée*. Ce n'est pas, à beaucoup près, la paix dans l'amour fraternel (1).

Aux *États-Unis*, l'antagonisme est encore plus chronique. Là aussi, des associations ouvrières libres, revêtant

cune indication, sinon qu'elles comptaient ensemble 90,660 membres... Il existait enfin 41 unions du même ordre dont il n'a pas même pu connaître l'effectif.

Le nombre total des membres des 687 unions ayant fourni les renseignements demandés (à l'exception de 4 qui n'ont rien répondu à cet égard) s'élevait à 1,270,789.

Les ressources totales qu'elles avaient en caisse au début de l'année s'élevaient à 47,559,925 francs, et, à la fin de l'année, à 41,326.700 francs, le total des recettes de l'année s'est élevé à 49,924,275 francs, et celui des dépenses à 56,162,875 francs,

(1) Voici la conclusion d'une très intéressante conférence sur les Trades-Unions donnée récemment par M. Le Cour-Grandmaison : « L'Angleterre a pu retarder l'heure de la crise, elle a pu très habilement utiliser toutes les bonnes volontés, mais elle arrive à l'heure décisive où elle devra prendre parti: compléter son orga-

le plus souvent la forme de sociétés secrètes, en face de
coalitions formidables de patrons : les grèves répondant
aux *lok-out ;* les convulsions économiques sont même
si violentes et si répétées que plusieurs États ont
pourvu à la constitution, par disposition légale, de
conseils *officiels* de médiation et d'arbitrage ; mais ce
palliatif a paru jusqu'ici assez impuissant.

Autant et plus qu'en Angleterre, se fait sentir le
besoin d'une institution régulière et permanente rap-
prochant les représentants du capital et du travail et
réglant leurs rapports.

Avec l'*Allemagne,* nous rentrons dans les pays où
l'État croit pouvoir intervenir en matière d'organisation
du travail. Il y a donc lieu, ici, de distinguer nettement, d'une part les institutions d'ordre administratif,
d'autre part les associations dues à l'initiative privée.

Les corporations ou *Gildes,* qui avaient été abolies
plus tôt dans certaines parties de l'Allemagne par le
fait de l'influence et de l'occupation françaises, cessè-
rent d'être obligatoires pour l'ensemble de la confé-

nisation corporative par voie législative, ou revenir aux traditions
oubliées du socialisme d'État, en donnant une nouvelle extension
à sa législation sur le paupérisme. »

Association Catholique, 17 janvier 1896, page 53. — A compa-
rer avec la conférence très documentée faite le 28 janvier 1896, au
Musée social, par M. Paul de Rousiers, chef de la mission an-
glaise de 1895,

dération du Nord à partir de la loi de 1869. — Les
sociétés de métiers restaient autorisées, mais à l'état
libre et facultatif, « sans autorité, sans privilèges ; la
majorité des membres pouvait en demander la dissolution, aucune contrainte ne pouvait être exercée sur
l'industrie... Les décisions n'avaient plus de force. —
C'était enlever tout ressort à cette institution sécu-
laire... Les ouvriers, qui trouvaient naguère dans les
Innungen force et protection, étaient isolés, désorien-
tés » (1). Sous l'empire de ces considérations, le
Reichstag revint en partie sur les mesures de la
Gewerbe-Ordnung, et la loi du 18 juillet 1881 rendit
aux corporations, non leur ancien caractère, mais une
sorte de reconnaissance officielle ».

Les *Innungen* ne comprennent que les maîtres et
contre-maîtres. Leur mission consiste à (art. 97 et 97ᴬ) :

1° Entretenir l'esprit de corps, exciter et fortifier
les sentiments de l'honneur professionnel ;

2° Développer des relations profitables entre maîtres
et compagnons, pourvoir à l'entretien des compagnons
et à leur placement ;

3° Régler les détails de l'apprentissage et assurer
l'éducation technique, professionnelle et sociale des apprentis ;

4° Statuer sur les différends entre les membres de la
corporation et leurs apprentis dans les cas prévus.

---

(1) Victor Brants, *Le Régime corporatif*, p. 87.

A ces divers effets, les corporations ont la plus grande liberté d'initiative. Les ouvriers participent à la constitution et à la composition des tribunaux arbitraux, des jurys d'épreuve pour le compagnonnage, et des conseils de gestion des œuvres, caisses de secours ou autres, auxquels ils contribuent par leurs cotisations ou leur travail.

La corporation est libre. — Toutefois ses partisans tendent de plus en plus à l'obligation (1), et ils ont déjà obtenu que la corporation fût *privilégiée* en certaines matières.

Les règles établies par les *Innungen* en ce qui concerne l'apprentissage sont obligatoires pour tout le métier, et si « quelque tribunal arbitral volontaire a produit de bons effets, l'autorité pourra décider que tout débat relatif aux questions d'apprentissage sera porté devant lui sur la demande de l'une des parties seulement. »

Une loi complémentaire de 1884, allant plus loin dans cette voie, a décidé « que les patrons qui n'appartiennent pas à une corporation ne pourront plus avoir d'apprentis. »

Enfin, la loi du 6 juillet 1884 sur les assurances

(1) Le Gouvernement, songeant à rétablir la corporation obligatoire pour le métier, a ouvert une vaste enquête sur la situation embrassant 2,625 communes, 2 villes avec une population de plus de 100,000 habitants, 7 villes ayant de 20 à 100,000 âmes, et 17 villes de 10 à 20,000.

contre les accidents, a créé pour leur organisation et leur perfectionnement des groupes professionnels obligatoires et spéciaux, les *Berufsgenossenschaften*, qui sont personnes morales, peuvent acquérir, s'obliger et ester en justice (1).

Le nombre des *Innungen* a passé d'environ 6,000 (sous l'empire de la loi de 1869, statistique du 31 décembre 1878) à près de 12,000 en 1890, pour l'ensemble de la monarchie. Au 1er décembre 1890, environ 1,200 corporations avaient vu leurs règlements en matière d'apprentissage déclarés obligatoires pour tout leur district.

A côté de ces institutions officielles, il y a lieu de mentionner les associations professionnelles dues à l'initiative privée. Parmi les syndicats ouvriers libres plusieurs ont subi l'influence socialiste et ont été fortement gênés dans leur développement au moins apparent par l'ensemble des lois sur les menées subversives.

D'autres associations, très nombreuses et très remarquables, se rattachent au vaste réseau d'œuvres économiques et professionnelles dont les catholiques allemands

---

(1) Le nombre des corporations industrielles créées en application de la loi sur l'assurance obligatoire contre les accidents, s'élève aujourd'hui à 64, et celui des corporations agricoles à 48, soit en tout 112 corporations. A ce chiffre s'ajoutent 385 administrations publiques, d'empire, d'états, de provinces, de communes. Les établissements régionaux d'assurances, où sont groupées par provinces ou pays les diverses corporations, s'élèvent à 31.

ont couvert tout l'empire et qu'ils ont étendu sur les
nations voisines, Suisse, Hollande, Autriche, Hongrie (1).

(1) On ne saurait assez rendre hommage à l'admirable dévouement et au zèle intelligent avec lequel les catholiques allemands
et le clergé ont su fonder les institutions économiques et sociales
les plus utiles et les mieux appropriées aux multiples besoins de
chaque catégorie de travailleurs; pour les paysans : les *Bauern-
vereine*, créées sous l'impulsion d'hommes comme le baron de
Schorlemer-Alst, le baron Félix de Loë, l'abbé Dasbach, le baron
de Huene, et dont le développement est de plus en plus considérable. Le bien opéré par ces unions est complété par celui que
font aussi les innombrables *banques rurales*; pour les artisans :
les *Meister-Gessellen-Lehrling-Vereine*, dûs à l'abbé Kolping, et
qui groupent maîtres, compagnons et apprentis ; enfin, pour les
ouvriers de la grande industrie : les *Arbeitervereine*, fondés par
l'abbé Hitze et à la faveur desquels jeunes garçons, ouvriers et ouvrières ont leurs groupements spéciaux. L'abbé Hitze a, de plus,
fondé en 1880, avec Mgr Mouffang, M. Brandt, le baron de Hert-
ling et plusieurs autres économistes catholiques, une société industrielle appelée *Arbeiterwohl* (bien-être des ouvriers), avec organe périodique du même nom, et dont le but est d'étudier pratiquement et de promouvoir en fait toutes les institutions corporatives en faveur des ouvriers. C'est à l'impulsion de ces groupes
que sont dûs, en grande partie, les efforts faits pour généraliser
la pratique des *Conseils d'usines, Comités ouvriers, Collèges
d'anciens (Arbeiterausschuss, Æltesten-Kollegium, Vertra-
uens Conferenz, Æltestenrat)*, dont les bienfaisants effets se font
sentir partout où ils ont été établis. Des projets de loi ont été déposés pour pousser à la généralisation de ces organisations éminemment favorables à la tranquillité des ateliers et à la paix sociale. — Consulter sur tout ce qui précède, l'excellent ouvrage de
M. l'abbé KANNENGIESER, *Catholiques allemands*, chap. III : Les
œuvres catholiques et le rôle social du clergé.

L'Autriche est le pays de promission de la *Corporation obligatoire*. Toutefois, elle a dû subir, comme une autre, sa petite crise de libéralisme, et une patente impériale de 1859 y introduisit une certaine dose de liberté industrielle. La corporation, cependant, loin d'être abolie, restait obligatoire ; seulement, toute condition d'entrée et d'exercice était supprimée.

Chacun pouvait exercer le métier de son choix en se faisant inscrire à la corporation du dit métier. Mais l'absence de sanction était complète. La petite industrie fut désorganisée ; et, soumise à la concurrence de la machine envahissante et triomphante, elle perdit beaucoup de terrain. Aussi, obéissant à la pression des intéressés, et cédant aux sollicitations du parti social chrétien (1), le ministère du comte Taaffe allait faire adopter un certain nombre de lois réformatrices, entre autres surtout la *Gerverbeordnung* du 14 mars 1883, qui réorganisait les groupes de la petite industrie d'une manière plus stricte.

Aux termes de cette loi (2), « tous ceux qui exercent le métier sont obligés d'entrer dans la corporation là où elle existe déjà librement et là où l'autorité aura pu successivement la rétablir ».

---

(1) Ce parti était représenté dans les Chambres par le prince Aloïs de Lichtenstein, le comte Egbert Belcredi et le comte Blome ; dans la presse catholique par le baron Charles de Vogelsang, inspirateur de la *Revue Autrichienne*, de la *Réforme sociale* et du journal quotidien le *Vaterland*.

(2) Bry ; page 281.

La corporation doit, par des règlements, fixer les
rapports entre patrons et ouvriers, déterminer le système d'apprentissage et la proportion numérique des
apprentis par rapport au nombre des ouvriers ; débattre
toutes les conditions du travail, développer les institutions coopératives déjà existantes, et, à leur défaut,
créer : entrepôts de matières premières, salles de vente,
usage commun des machines pour l'exploitation ; tenir
des registres pour les demandes et les offres de travail,
fournir aux autorités les renseignements statistiques,
techniques et autres demandés ; former des commissions
arbitrales pour régler les différends entre les maîtres
et ouvriers ; fonder une caisse de secours pour les malades : ces trois derniers points sont même rendus obligatoires par les articles 114, 121 et 122.

La corporation n'a pour membres véritables que les
patrons, mais les ouvriers doivent se grouper en assemblées spéciales : les *Gehilfenversammlungen* nomment
des délégués qui iront soutenir leurs intérêts dans l'assemblée patronale et prendront part à la gestion des
caisses de secours ; elles désignent aussi leurs représentants au tribunal arbitral.

Quels ont été les résultats de ces corporations nouvelles : *Gremies, Gildes* ou *Innungen ?*

Au début, leur constitution a donné lieu à bien des
tiraillements, bien des résistances ; l'administration, qui
joue un rôle trop important dans leur organisation, a
plus d'une fois tâtonné et agi avec maladresse et, au

bout de cinq ans (1888), il semblait à plusieurs que le résultat obtenu était peu encourageant. Mais ce sont là les déboires inhérents à toute période de formation et de tassement : trois ans après, en 1891, on pouvait déjà constater de notables progrès. La statistique accusait alors 5,113 corporations avec 2,857 assemblées d'ouvriers, 2,657 tribunaux arbitraux et un nombre considérable de caisses de secours. L'amélioration est, on le voit, très sensible.

« Mais cette statistique prouve le progrès de l'institution non seulement dans son total absolu, mais dans ses éléments composants. — Les corporations collectives qui réunissent tous les métiers d'un district étant les moins *professionnelles*, sont évidemment les moins aptes à servir les intérêts de leurs membres » (1) ; or, leur nombre diminue considérablement alors qu'au contraire augmente celui des groupes ne comprenant qu'une profession ou plusieurs métiers similaires. — D'une manière générale, on ne peut contester que l'organisation nouvelle n'ait donné plus de cohésion à l'esprit professionnel. L'apprentissage a été l'objet de sérieux efforts, *la preuve de capacité* exigée par la Geverbeordnung a produit des résultats appréciables et appréciés, le nombre des écoles techniques corporatives s'est accru (2).

---

(1) V. BRANTS, page 56 *et passim*.
(2) Une statistique de 1894 citée par le *Bulletin de l'office du*

Si l'application de la loi n'a pas radicalement modifié la situation de la petite industrie, elle a certainement amélioré ses conditions d'existence. C'est ce qu'a prouvé péremptoirement la grande enquête parlementaire de 1893.

La grande industrie n'est pas visée par la Geverbe Novelle, et jusqu'à présent elle a échappé à une organisation d'ensemble. Mais les réformateurs du parti *Christlich-social* l'englobent, tout comme les métiers, dans leurs projets de rénovation corporative. Un certain nombre d'industries se félicitent d'avoir établi dans leurs usines et ateliers des comités ouvriers, des chambres mixtes d'explication, comme quelques patrons allemands. Le projet consiste à faire de ces conseils une institution quasi-officielle.

Les patrons seraient groupés en *Genossenschafften*, les ouvriers de même ; le *conseil de conciliation* apparaît comme le couronnement de l'institution (1).

---

travail de nov. 1895, relève 5,317 associations industrielles, 3,196 associations d'ouvriers et 3,049 tribunaux d'arbitres fonctionnant auprès de 3,197 associations. Le progrès est donc constant.

(1) Un projet de loi sur l'*organisation corporative obligatoire* des *agriculteurs* du comte de Falkenhayn, ministre de l'agriculture, vient d'être retiré par son successeur le comte de Ledebur, mais seulement pour être transformé, car, depuis, l'idée a fait son chemin.

Pour répondre à des demandes de revision partielle de la loi réglementant les métiers et l'industrie, le gouvernement vient de présenter à la Chambre des députés un volumineux projet concer-

Il y a là, évidemment, une idée grandiose ; mais, l'immixtion constante de l'administration n'est pas, à beaucoup près, l'idéal en ces matières, et la libre initiative et l'autonomie peuvent seules animer des institutions qui, sans elles, resteront des squelettes sans vie et des fantômes sans réalité (1).

Une loi du 21 mai 1884 est venue étendre à la *Hongrie* un système de corporations obligatoires analogue à celui en vigueur en Autriche.

De l'*Italie*, rien à signaler au point de vue spécial des groupements professionnels, sinon le grand développement qu'y prennent les banques coopératives populaires et agricoles.

L'Espagne a conservé de très antiques associations de navigateurs et de laboureurs, et acquis des syndicats ouvriers très révolutionnaires.

La *Suède* et la *Norwège* ont encore leur ancienne organisation professionnelle ; le *Danemark* compte de

nant la grande et la petite industrie. La loi actuelle, tout en ayant pour but l'organisation corporative des métiers, des entreprises d'utilité commune, des magasins de vente, des caisses contre la maladie pour les maîtres, etc..., donnait à chaque membre de la corporation le pouvoir d'empêcher une telle organisation en refusant d'y adhérer. Cet obstacle est en partie écarté par le projet nouveau ; certaines entreprises communes peuvent être approuvées par une majorité des trois quarts des membres.

(1) A lire comme donnant la note pessimiste, le *Courrier d'Autriche*, de M. Victor KAEMPFE, *Réforme sociale* du 1er janvier 1896.

nombreuses sociétés ouvrières ; dans tous ces pays, le mouvement d'émancipation démocratique et socialiste fait d'énormes progrès. Enfin, en *Russie*, il y a lieu de distinguer les vieilles associations autochtones ou *artèles* de paysans, d'artisans, d'employés et domestiques, très vivaces, et qui relèvent de la coopération dans sa forme la plus primitive, et les groupements artificiels et d'emprunt exotique créés par Catherine II, qui appliquent plus ou moins utilement, suivant les centres où ils sont établis, l'organisation corporative.

En résumé, si l'on considère l'ensemble des pays civilisés, l'on constate que, de toutes parts « se produit une renaissance de l'organisation professionnelle et corporative... Ce réveil ne se manifeste point partout sous les mêmes formes » (1), et l'on peut aisément discerner deux courants très distincts.

Chez quelques peuples, dont l'Angleterre est le type, on préfère laisser à un chacun, et sans la guider aucunement, la plus entière liberté d'association.

Avec ce système, l'on constate généralement, après des périodes plus ou moins troublées, une accalmie due à ce que les forces des éléments adverses étant arrivées à s'équilibrer à peu près, et l'ensemble du travail pouvant tenir tête à la puissance coalisée du capital, les partis rivaux signent momentanément la *trève des*

_____

(1) V. BRANTS, *avant-propos*, pag. 7.

armes. Mais celte trève, imposéc à tous par un calcul d'intérêt beaucoup plus que par l'apaisement des esprits et la réconciliation des cœurs, n'est, nous l'avons déjà dit, qu'une paix armée, toujours sujette à rupture.

D'autres états, au contraire, préfèrent soumettre patrons et ouvriers, maîtres et compagnons à des règles communes déterminant d'une manière plus ou moins stricte les rapports, les droits et les devoirs de tous ; c'est là un régime restrictif du bon plaisir de l'individu, mais qui développe dans la collectivité les sentiments de solidarité professionnelle et l'esprit de famille.

L'Allemagne et l'Autriche représentent nettement ce second groupe.

Au moment où va être votéc la loi du 24 mars 1884, la France n'est encore engagée dans aucune de ces deux voies, ou plutôt elle se trouve dans un état analogue à celui de l'Angleterre, lorsque les syndicats ouvriers, non reconnus et persécutés, allaient s'imposer par le crime et la terreur. .

N'y aurait-il donc pas, à mi-chemin de ces deux méthodes extrêmes, place pour un tiers-parti dont le programme se résumerait en ces deux principes de conduite :

Accorder la personnalité civile, et faciliter par tous les moyens l'acquisition et la conservation d'un patrimoine, *à toute association professionnelle quelconque,* la propriété assagissant la collectivité comme l'individu;

Et *encourager* d'une manière particulière et par des
privilèges spéciaux les groupements qui, réunissant
sans les confondre « tous les éléments de la profession
tels que patrons, employés et ouvriers dans la grande
industrie ; maîtres, compagnons et apprentis dans les
métiers ; propriétaires, fermiers et colons dans l'agriculture (1) » — tendent à constituer *la corporation
libre*, organisme de pacification, au sein du corps d'État
désagrégé et livré aux luttes intestines ?

(1) Marquis de la Tour-du-Pin-Chambly, cité par V. Brants.
Avant-propos, pag. XIII ; *Association catholique*, 15 nov. 1891 ;
*de l'essence des droits et de l'organisation des intérêts écono-
miques.*

CHAPITRE II

LA LOI DE 1884 : SES EFFETS ; L'ÉCOLE SOCIALE CATHOLIQUE : LE SYNDICAT MIXTE (1).

SOMMAIRE : I. La loi du 21 mars 1884. — Son caractère, son insuffisance. — La liberté d'association, droit primordial ; son corollaire naturel : droit de propriété corporative. — Omissions et
restrictions de la loi sur les syndicats. — II. La liberté de l'association professionnelle et l'expansion syndicale. — Préventions et déviations : les syndicats de combat. — III. L'école corporative chrétienne et les syndicats de pacification : les syndicats mixtes. — Ce qu'ils sont : ce qui les différencie des coopératives, par exemple. — Ce qu'ils embrassent : la grande
industrie, les arts et métiers, le grand et le petit commerce,
l'agriculture. — Le côté moral : le rapprochement effectif des
classes et l'apaisement des haines. — Le côté professionnel : le
contrat de travail, l'apprentissage, le placement. — Le côté
économique : la coopération, la mutualité. — Le côté social :
l'organisation rationnelle et intégrale du Corps d'État. — La
pacification par l'organisation hiérarchique et la fraternité professionnelle.

(1) Bibliographie :

GLOTIN : *Étude sur les Syndicats professionnels.*

CHANOINE DEHON : *Manuel Social Chrétien ;* (chap. IX : *L'organisation professionnelle*).

I

La loi du **21** mars 1884 n'avait pas été élaborée, et ne fut pas discutée dans des dispositions d'esprit assez larges, assez dégagées des mesquines préoccupations de parti, des rancunes sectaires et de l'intérêt électoral, pour constituer un document vraiment remarquable, de valeur sérieuse et d'efficacité pacifiante.

A cette époque, les syndicats ouvriers, longtemps vus de mauvais œil, surveillés de près et molestés par l'administration, étaient, après une période intermédiaire de tolérance, devenus l'objet de toutes les prévenances des politiciens et de toutes les sollicitudes du pouvoir.

Aussi, lorsque le législateur s'avisa que l'on pourrait peut-être, après cent ans, dans un pays de suffrage universel, de démocratie et de liberté, rendre au droit d'association une part de la reconnaissance légale qui lui était entièrement refusée, ne pensa-t-il même pas à proposer une loi d'intérêt commun et de portée générale ; il ne fut question, de prime abord, que de liberté d'association *professionnelle* ; mais le texte soumis aux délibérations du pouvoir législatif permit bientôt de reconnaître que sous cet intitulé encore relativement compréhensif, c'était simplement l'émancipation des sociétés ouvrières qui avait été envisagée.

Le projet parlait bien aussi des syndicats patronaux :

était-il possible de ne pas leur accorder la parité de traitement ? Quant aux associations plus réellement corporatives, c'est-à-dire réunissant les divers éléments de la profession, ils ne furent pas mentionnés spécialement : on n'y voulait pas attacher d'importance. Les ouvriers agricoles n'avaient pas encore beaucoup fait parler d'eux : aussi, est-ce par raccroc et à la faveur d'un amendement, que les travailleurs des champs, les intérêts de la terre et de l'agriculture furent admis au bénéfice du régime nouveau : on n'y avait pas pensé !

Voilà avec quelles idées restreintes, quel horizon rétréci, fut présenté le projet du gouvernement. — Tel qu'il était — et tel il fut voté — il réalisait, malgré tout, un progrès considérable, et de ses dispositions pouvaient résulter bien des effets divers, prévus ou imprévus : la suite devait en fournir la preuve (1).

Quoi qu'il en soit, les lacunes sont par trop considérables. Si la liberté d'association est de droit naturel et

---

(1) Pour la teneur même de la loi, son commentaire et sa critique détaillée, voir les traités spéciaux, nombreux et complets, écrits sur cette matière.

La loi, aux termes de son art. 6, accorde aux syndicats la *personnalité civile*. A la faveur de cette disposition, les syndicats deviennent des *personnes morales privées*, sans autorisation administrative, et par le seul accomplissement de formalités rudimentaires. Ils ne deviennent aucunement des *établissements d'utilité publique*.

Un auteur a, cependant, prétendu le contraire, argumentant de ce que nos syndicats actuels pouvaient être rattachés historique-

fondamental dans toute constitution bien faite, si « sans elle, on oscille perpétuellement entre l'ingérence de l'État et l'impuissance de l'individu (1), » le droit de propriété collective en est certainement le corollaire obligé, l'indispensable complément.

Nous l'avons dit : le législateur qui, dans nos sociétés modernes, veut établir le droit d'association professionnelle sur une base solide et dans un dessein de pacification, en abandonnant l'usage de ce droit à la libre initiative de ceux auxquels il peut être utile, ce législateur devrait avant tout, selon nous, tendre vers ce double résultat : faciliter à tout syndicat, quel qu'il soit, la formation et la conservation d'un patrimoine stable et permanent; et encourager d'une manière toute particulière les sociétés qui cherchent la prospérité de la profession et l'entente cordiale de ses membres dans l'union intime et les rapports familiers des divers éléments corporatifs.

ment aux corps de métiers de l'ancienne France, lesquels étaient traités comme établissements publics (Voir : *Revue critique*, année 1888; MARC SAUZET : *Nature de la personnalité civile des syndicats professionnels*).

La faiblesse de l'argument infirme la thèse elle-même, et il n'est que trop évident que la continuité de la tradition a été irrémédiablement rompue entre l'ancienne organisation corporative et les associations professionnelles modernes, et certes les législateurs de 1884 ont pensé à tout autre chose qu'à renouer cette chaîne brisée.

(1) ABBÉ LEMIRE : Exposé des motifs du *projet de loi sur la liberté d'association*.

Or ces points de vue essentiels ont échappé tous deux à la sagesse des législateurs de 1884.

Et d'abord, nous l'avons constaté, les auteurs de la loi syndicale française, bien loin de les encourager par quelque privilège, n'ont même pas voulu traiter à part des associations mixtes.

M. de Mun fit à ce propos de louables efforts qui demeurèrent inutiles. Il le rappelait dernièrement à la tribune dans l'exposé des motifs d'une proposition de loi déposée par lui.

« J'avais alors, disait-il, demandé à la Chambre d'introduire dans la loi un article de plus ayant pour objet de favoriser la constitution des syndicats mixtes de patrons et d'ouvriers, par l'attribution d'avantages particuliers, et spécialement de la personnalité civile complète.

« La Chambre de 1884 repoussa mon amendement. Sans doute, la création de syndicats mixtes devenait, comme elle l'est encore, parfaitement licite ; mais aucune disposition de la loi ne venait l'encourager, au contraire. Les débats qui précédèrent le rejet de mon amendement ayant témoigné de la défaveur avec laquelle l'idée était accueillie par les législateurs, et la célèbre circulaire du 25 août 1884, par laquelle M. Waldeck-Rousseau, ministre de l'Intérieur, donnait l'interprétation de la loi nouvelle en recommandant d'en faciliter l'usage, ne faisant même pas allusion aux syndicats mixtes, il demeura entendu que cette forme

d'association professionnelle, pourtant la seule conforme aux principes d'une saine organisation sociale,
était condamnée par les pouvoirs publics. »

Cette personnalité civile complète que M. de Mun
proposait et propose aujourd'hui encore de réserver
aux syndicats mixtes (1), consiste surtout en un droit
étendu de propriété collective.

Les députés qui repoussèrent l'amendement de M.
de Mun et refusèrent de sanctionner cette faveur spéciale aux syndicats mixtes, allaient-ils du moins, dans
un large esprit de libéralisme, l'étendre à tout syndicat?
— Point du tout ; ici encore, le législateur de 1884
devait manquer à sa mission et mesurer d'une main
parcimonieuse ce droit de propriété, conséquence naturelle et nécessaire du droit à la vie enfin reconnu aux
groupements professionnels.

Le spectre des biens de main-morte eut encore assez
de prestige sur l'imagination retardataire des membres
des assemblées d'alors pour faire restreindre au strict
indispensable le droit à la propriété immobilière des
syndicats quand, au contraire, le droit à la propriété
mobilière leur était accordé largement.

Encore sommes-nous de ceux qui interprètent les
termes de la loi dans un sens libéral, et qui ne mettent

---

(1) Pour ma part, je voudrais la voir reconnaître à toute association professionnelle, souhaitant l'attribution, aux sociétés plus
proprement corporatives, de privilèges différents.

pas en doute la capacité légale pour les associations professionnelles de recevoir les dons et legs dans les mêmes limites où elles peuvent acquérir à titre onéreux (1).

En résumé, la loi de 1884 reconnaît et assure l'existence des associations de patrons et d'ouvriers, mais elle ne conseille nulle part et n'encourage par aucun avantage le rapprochement, dans des groupements complets, des divers éléments de la profession ; elle ne facilite pas non plus, d'ailleurs, la formation par les syndicats d'un patrimoine important et permanent qui seul peut leur permettre la création de durables et utiles institutions.

Qu'allait-il résulter de cette imprévoyance ?

(1) Cette opinion qui a été combattue, s'appuie sur des arguments difficilement réfutables.

En effet, tout se trouve d'accord pour imposer cette solution : et les *principes généraux* contenus dans l'art. 702 du Code civil, qui dispose : « *Toutes personnes* peuvent recevoir, soit par donation entre vifs, soit par testament » ; et *les termes mêmes de la loi de 1884* dont l'art. 6 reconnaît aux syndicats le droit d'*acquérir*, sans ajouter : à titre onéreux, et dont l'art. 8 proclame la nullité de la *libéralité* acquise contrairement aux dispositions de l'art. 6 ; et, enfin, les *discussions* à la Chambre des députés qui fit revenir le Sénat sur l'adoption d'un texte plus rigoureux, lequel interdisait formellement aux syndicats de recevoir des dons et d'acquérir autrement qu'à titre onéreux.

Les syndicats professionnels étant, d'ailleurs, *des personnes morales privées,* — nous l'avons établi, — *peuvent acquérir les dons et legs*, dans les limites légales, *par leur simple acceptation*, et sans l'autorisation administrative exigée par l'art. 910,

II

Lors de la discussion de la loi de 1884, M. le comte
de Mun, critiquant l'économie générale du projet mi-
nistériel, s'était exprimé en ces termes :

« Je vois bien que l'établissement légal des syndicats
pourra, en quelque manière, être un remède contre
l'isolement ; mais je ne vois pas comment il sera un
remède contre la division des patrons et des ouvriers,
et c'est pourtant là qu'est le mal. Je vois, au contraire,
qu'il sera l'organisation définitive de la guerre des uns
contre les autres.

« Ce qui manque aux syndicats tels que vous les con-
cevez, syndicats de patrons, ou syndicats d'ouvriers,
mais isolés, séparés les uns des autres, c'est précisément ce qui est le grand besoin, la grande nécessité
sociale de notre temps, et ce qu'il y avait au fond des
vieilles institutions corporatives : le rapprochement des
personnes, la conciliation des intérêts, l'apaisement
qui ne peuvent se rencontrer que dans la reconstitution
de la famille professionnelle. Ce qu'il y a dans les syn-

pour la validité des libéralités faites aux établissements d'utilité
publique.

(Voir l'avis du Conseil d'État du 20 juillet 1891 et le récent jugement du tribunal de la Seine dans l'affaire du legs Montchaussée).

dicats actuels, c'est surtout une pensée de lutte, un moyen de résistance contre le capital.

« Organisés pour la guerre, ils deviendront très vite un instrument d'opposition contre ceux qui refuseront d'y entrer ou qui, après y être entrés, voudront s'y soustraire (1).

« En face des ouvriers, les patrons s'organiseront aussi : ils fortifieront leurs moyens d'action ; dans cette bataille d'intérêts, ils oublieront de plus en plus leur devoir social, et il n'y aura, plus que jamais, en présence que des ennemis.

« Alors, dans cette guerre impie, tout le monde souffrira, les ouvriers d'abord qui sont les plus faibles ; les maîtres aussi, qui, peu à peu, seront ruinés, et finalement la patrie française qui s'épuisera dans des luttes sans fin, au grand préjudice de son repos sans cesse menacé, de sa dignité compromise par le spectacle de ces divisions, de sa prospérité enfin, atteinte à sa source, par la décadence progressive de son industrie ».

Tout dernièrement (déc. 1895), l'orateur catholique se citant lui-même, complétait ainsi ses prévisions anciennes et vraiment prophétiques :

« Je n'ai malheureusement rien à retirer aujourd'hui de ces paroles prononcées il y a plus de dix ans ; je n'ai rien non plus à y ajouter.

(1) Voir pour corroborer ces prévisions, l'article de M. Hubert Valleroux : *La Tyrannie des Syndicats (Correspondant,* 25 déc. 1895.)

« Les faits ne leur ont que trop largement donné raison. Nous assistons au développement fatal et rapide de cette guerre allumée par l'antagonisme que la loi de 1884 a perpétué entre des intérêts souvent opposés, mais presque toujours conciliables.

« Syndicats d'ouvriers organisés en vue de préparer et de soutenir la lutte contre le patronat, syndicats de patrons formés pour opposer la solidarité patronale à la solidarité ouvrière, hostilité menaçante d'un côté, résistance souvent aveugle de l'autre, tyrannie des syndiqués contre ceux qui ne le sont pas, rien ne manque au tableau dont j'avais, en 1884, montré à la Chambre la triste perspective. La grève de Carmaux a fait apparaître à tous les yeux cette intolérable situation sociale ».

Cet exposé est-il exact ? n'est-il pas pessimiste et noirci de parti pris ? — Il ne répond que trop, hélas, à la triste réalité des choses ; et si, après douze ans d'expérience, l'on essaie de synthétiser les résultats de la loi de liberté syndicale, on constate qu'elle a produit deux effets principaux, plus ou moins inattendus, et bien à prévoir, cependant, l'un et l'autre.

Dans le domaine de l'industrie grande et petite, elle a singulièrement accru l'antagonisme des classes et l'acuité des débats entre employeurs et employés ; elle a, pour ainsi dire, renforcé et mieux armé les ennemis en présence, loin de jeter entre eux le pont de la rencontre pacifique et de la réconciliation.

Dans le monde agricole, au contraire, elle a suscité

soudain une admirable efflorescence d'institutions d'union et de progrès, parce que le caractère mixte s'est trouvé l'essence même de ces fondations, et que les initiateurs en ont été, pour la plupart, des hommes à vues larges et justes, désintéressés, supérieurs aux préjugés de castes et aux inspirations de l'esprit de parti.

Cette dernière et intéressante conséquence de la loi de 1884 a déjà fait l'objet d'ouvrages importants et complets : nous l'envisagerons dans un chapitre à part, sous un point de vue spécial : l'utilité, pour ce mouvement de rénovation et de réorganisation de l'agriculture, à se perpétuer et à s'affermir dans le sens des principes de la première heure.

Mais revenons à l'analyse du premier résultat.

Si nous consultons l'*Annuaire des syndicats professionnels* de juillet 1894, nous y voyons indiquer l'existence de 1,518 syndicats patronaux, avec 122,251 membres ; 2,178 syndicats ouvriers, avec 408,025 adhérents ; enfin 177 associations mixtes, avec 29,124 syndiqués.

En remontant dans l'étude des statistiques annuelles, nous constatons que, durant la première période quinquennale qui a suivi la loi, les syndicats de patrons l'emportent en nombre. A partir de 1890, au contraire, les rôles sont renversés, et les associations ouvrières prennent le pas, pour gagner tous les jours de l'avance.

Rappelons qu'au 1er juillet 1884 il y avait 101 syndicats patronaux, 68 ouvriers et 1 mixte : en tout,
175 syndicats légalement constitués (1), et nous nous
rendrons compte de l'immense envolée qu'a prise l'association professionnelle depuis la promulgation de la loi.

Il y a là évidemment un fait très remarquable : c'est
une victoire contre « l'isolement » ; mais, le rapprochement des classes a-t-il autant bénéficié du régime
nouveau que le rapprochement des individus ?

De puissantes *unions* ont été établies entre syndicats. Les patrons en ont formé 29 ; les ouvriers 73
principales.

Combien ont cherché à entrer en rapports corrects
les unes avec les autres, à trouver le *modus vivendi*,
point de départ initial de la pacification définitive ?

Tout se borne à quelques tentatives signalées de loin
en loin ; les exemples de cette nature sont trop vite
relevés (2).

Mais à quoi donc alors ont abouti ces groupements,
quelques-uns tout à fait considérables, d'hommes du
même métier et d'intérêts connexes ? — Certes, quelques-uns d'entre eux ont fait œuvre sérieuse et

---

(1) Y compris 5 syndicats agricoles.

(2) Nous avons déjà cité, d'après M. Hubert-Valleroux, quelques-
uns de ces essais antérieurs à la loi de 1884, et notamment ceux
dus à l'initiative de M. Mazaroz et de M. Havard. Depuis lors, on
peut mentionner les quelques faits suivants :

1º Une commission d'arbitrage du tissage, nommée d'abord en

utile. Plus d'une société de patrons s'est occupée fruc-
tueusement des questions vitales de l'industrie commune, et a tiré d'une entente féconde, de merveilleux
résultats économiques. D'autres, même, ont su aller
plus loin et voir, à côté de la prospérité de la bourse et
de l'accroissement des bénéfices, le bien général de la
profession et l'acheminement vers la justice distribu-

vue de l'application d'un nouveau tarif, mais dont la compétence
a été étendue ensuite, fonctionne régulièrement à *Cholet*, depuis
le 29 octobre 1892, et a rendu de grands services.

Le mode de nomination de ses 12 membres (6 patrons et 6 ouvriers) mérite d'être signalé. Pour leur donner plus d'autorité, ils
sont nommés par les patrons et par les ouvriers réunis, ou du
moins par leurs délégués. — Les patrons désignent vingt électeurs,
et chacun des deux syndicats ouvriers en désigne 10. — Les 40
électeurs nomment, dans deux scrutins, les arbitres patrons et les
arbitres ouvriers qui, pour être élus, doivent obtenir au moins les
trois quarts des suffrages exprimés. — Chaque arbitre étant aussi
bien l'élu des patrons que des ouvriers, puise dans cette double in-
vestiture, une autorité plus grande, en même temps qu'il inspire
pleine confiance à tous.

2º Le 26 novembre 1893, trois semaines après la cessation de la
grève colossale et mouvementée des mineurs du Nord et du Pas-
de-Calais, le Congrès des délégués du syndicat des mineurs du
Nord, réuni à *Sin-le-Noble*, demandait, par un vote unanime, aux
compagnies, la constitution d'un comité professionnel permanent
mixte de conciliation et d'arbitrage. Cet ordre du jour fut com-
muniqué aux Compagnies d'Aniche, l'Escarpelle, Douchy, Fresnes-
Midi, Azincourt et Crespin. Les Compagnies ne voulurent pas
entrer dans cette voie. Les motifs qu'elles donnèrent à ce refus
par la voie de la presse étaient, il faut le dire, absolument futiles

tive : à côté du point de vue financier, celles-là ont envisagé le point de vue social. Et c'est ainsi que des associations industrielles ont réalisé, par la réunion des bonnes volontés et l'accumulation des ressources, tant d'institutions admirables, là où l'isolement aurait échoué, impuissant.

Quelques sociétés ouvrières, aussi, ont cherché l'amé-

---

et insufflsants (Voir le *Bulletin de l'Office du Travail* ; janvier 1894, pages 14 et s.).

3° En 1894, les Chambres syndicales, patronales et ouvrières des *Coiffeurs de Paris* ont constitué une Chambre arbitrale mixte ;

4° Enfin, à l'occasion de la célébration du troisième centenaire de l'introduction de l'imprimerie à Marseille .1895), les deux Congrès simultanés de l'*Union des Maîtres imprimeurs de France*, et de la *Fédération des Travailleurs du Livre* (129 sections adhérentes), ont décidé, d'un commun accord, l'institution d'une Commission mixte composée de 9 patrons et des ouvriers recrutés dans toute la France, et qui se réunirait une fois par an, à Paris, et pourrait nommer une sous-commission permanente.

Le Congrès patronal a aussitôt nommé ses représentants dans la Commission, et il les a choisis parmi les notabilités de l'imprimerie française ; le Congrès ouvrier a désigné les villes suivantes pour nommer chacune un délégué : Paris, Lyon, Lille, Angers, Rouen, Auxerre, Reims ; il y aura, en outre, deux représentants du Comité central de la Fédération.

On signale encore les bons résultats obtenus récemment par des commissions locales mixtes de patrons et ouvriers imprimeurs et typographes partout où elles fonctionnent régulièrement comme à Nantes, et partout où elles ont été mises à l'essai comme à *Toulouse* et à *Blois*.

lioration du sort de leur membres par les voies pacifiques, et ont trouvé dans l'épargne, la mutualité, la coopération, les remèdes à bien des situations embarrassées. L'initiative intelligente a su revêtir les formes les plus diverses pour parer aux nécessités multiples de la vie à budget restreint.

Bon nombre de syndicats, même, convenons-en, visent à procurer à leurs membres quelques avantages matériels effectifs et permanents. Mais pour combien est-ce là le but unique et principal (1) ?

Il faut l'avouer : de part et d'autre, dans la pluralité des cas, l'association est née, elle vit pour la guerre.

Comment en est-il ainsi ? C'est ce qu'il est bon d'étudier de plus près.

Lorsque fut promulguée la loi du 21 mars 1884, la fraction la plus bruyante et la plus remuante du parti ouvrier était déjà embrigadée par les Chambres syndicales et autres sociétés ostensibles ou secrètes qui s'é-

---

(1) Il serait intéressant et fructueux de chercher à déterminer l'impulsion que la pratique de l'association a imprimée aux institutions patronales du genre, par exemple, de la *Caisse des retraites* organisée *par le Comité des Forges de France*. Parallèlement, il y aurait à faire le relevé des innombrables créations des associations ouvrières : caisses de secours, d'épargne, de chômage, d'assurances ; coopératives de production, de consommation, de crédit, de construction, écoles professionnelles, cours, conférences, bibliothèques, bureaux de placement, indemnités de route, etc...

taient considérablement multipliées sous le régime de la tolérance administrative.

Quelques-unes de ces associations, nous l'avons vu, avaient une réelle importance : la plupart se confondaient avec les caisses de grèves et n'avaient été créées, ne fonctionnaient que pour la lutte contre le capital. — Ce furent ces Chambres syndicales qui constituèrent le premier noyau des sociétés ouvrières établies selon les prescriptions de la loi nouvelle : celles d'entre elles, du moins, qui voulurent bien se soumettre à la reconnaissance administrative, formalité que l'on n'a pu obtenir, aujourd'hui encore, de quelques-unes des plus indépendantes (1).

En passant de l'état extra-légal à la situation régulière, ces sociétés ne changèrent pas d'esprit : ce premier contingent des syndicats ouvriers avait, on le voit, une origine bien suspecte et peu de nature à inspirer la confiance et la sympathie des industriels, des patrons. — La loi consacrant ainsi, après coup, un état de fait réalisé déjà, en fraude de la légalité, par les plus

_____

(1) C'est même là l'origine de la *question de la Bourse du Travail* de Paris, et des polémiques auxquelles ont donné lieu sa fermeture et sa réouverture. — L'*Annuaire* de 1892 contenait une nomenclature de ces *syndicats irréguliers*; cette nomenclature n'a plus reparu les années suivantes.

(Voir *Correspondant* du 10 janvier 1896, page 81, note 1 ; — article : *La situation actuelle des Syndicats professionnels*, par HUBERT VALLEROUX.)

audacieux, venait trop tard, comme le disait l'an dernier M. Nyssens, au Congrès de la Société d'économie sociale : l'institution avait pris un mauvais pli ; il était bien difficile de l'effacer sans qu'il en restât trace.

Les ouvriers se précipitèrent en cohue dans cette impasse de *l'association pour la lutte*, à l'entrée de laquelle se lisait maintenant l'écriteau légal. — Quelques travailleurs raisonnables et paisibles, se trompant à l'étiquette, y pénétrèrent avec circonspection pour s'y voir bousculer et entraîner par les plus turbulents. — S'ils y avaient pénétré en masse compacte, s'ils avaient su prendre la tête du mouvement; ils auraient pu, peut-être, en réglementer la marche ; mais la plupart s'arrêtèrent au seuil, et voici sous quelle influence :

Les patrons, en présence de cette poussée des ouvriers vers l'association inaugurée sous d'aussi peu recommandables auspices et qui se dessinait, vis-à-vis du capital, comme en manière de menace, ne surent pas se garder du premier mouvement de réaction instinctif et excessif : d'une part, ils répondirent à ces mouvements offensifs par des coalitions de résistance ; et, d'autre part, ils mirent à l'index et signalèrent à l'abstention de leur personnel le plus docile et le plus dévoué, ces sociétés qu'ils considéraient comme insurrectionnelles et dirigées contre la discipline des ateliers, l'autorité et les prérogatives des chefs d'entreprise. Ils en écartèrent ainsi presque complètement les éléments sérieux, sensés et réfléchis ; et cette force nouvelle fut accaparée par

ce que le milieu ouvrier renfermait de pire : les syndicats ouvriers versèrent de plus en plus dans le socialisme révolutionnaire, et nous voyons, actuellement, la
plupart et les plus puissantes de leurs unions formées,
en dehors de toute préoccupation d'intérêt professionnel, sur les bases de véritables fédérations politiques.

Beaucoup de bons esprits estiment que les patrons
se sont trompés ; ils ont eu tort, disent ces critiques,
d'adopter cette attitude de méfiance et d'hostilité. Ils
n'ont pas vu clair ni juste.

Ils auraient dû comprendre qu'il est des courants irré-
sistibles devant lesquels croulent impuissants et ruinés
les endiguements de la légalité et qui brisent bien plus
inévitablement encore les entraves individuelles, alors
surtout qu'ils ont pour eux le texte même de la loi : tel
était l'entraînement, si longtemps refoulé, vers l'association ; l'opposition ne pouvait que l'exaspérer.

En présence de ce fait inéluctable, la tactique d'hommes intelligents, tous instruits, quelques-uns généreux,
aurait dû être diamétralement contraire.

Il fallait pratiquer cette « politique de la confiance »
préconisée dernièrement et en excellents termes par un
membre du gouvernement (1). Les maîtres et patrons
auraient dû chercher, de cette liberté nouvelle, « la connaissance des procédés véritables qu'elle comporte, et,

_____

(1) M. Léon Bourgeois, président du Conseil : *Discours de Lyon*,
12 janv. 1896.

au lieu d'y voir un instrument de guerre, de méfiance, y reconnaître de plus en plus un instrument de pacification, de développement et de progrès ».

Mais pour cela, il fallait de cette poussée prendre immédiatement la tête ; et, alors, il y avait à opter entre deux modes d'action : ou bien s'atteler à la reconstitution de grandes familles professionnelles réunissant côte à côte, sans méconnaître leur indépendance légitime et leur autonomie nécessaire, les divers facteurs de la production ; ou bien compléter, d'une part, les associations du côté des capitaux et de l'entreprise ; provoquer, de l'autre, — mais dans la plus large mesure et par les plus réels efforts, — les groupements de la main-d'œuvre, en cherchant à les rendre aussi complets que possible, à y faire entrer tous les travailleurs intelligents, honnêtes et pacifiques, et à leur y garder jalousement leur place naturelle ; et réunir, enfin, les deux éléments séparés, par une commission mixte, permanente.

Par ces deux voies, on tendait également à substituer, entre tous les éléments de la production intégralement organisés et équilibrés, « l'état contractuel à l'état de combat ».

Mais aussi, il est des patrons qui, au fond, admettent à peine *l'idée de contrat* dans leurs rapports avec la main-d'œuvre ; car l'idée de contrat implique la libre discussion des conditions du travail sur les bases de l'égalité et de l'indépendance réciproques des parties.

Je ne veux pas dire, par là, qu'il soit agréable pour un chef d'industrie de voir le syndicat ouvrier plus maître que lui-même dans ses ateliers ; et qu'un patron ne soit pas dans son droit *strict* en refusant l'ingérence et l'intermédiaire d'une association qu'il ne veut pas connaître.

Mais, si les syndicats ouvriers témoignent, dans bien des cas, d'une arrogance extraordinaire et prétendent à une omnipotence tyrannique qu'ils se plaisent à manifester par des troubles et des cessations de travail le plus souvent injustifiés, les patrons ont aussi leur examen de conscience à faire : plus d'un a montré une raideur et une intransigeance auxquelles seules ont été dus bien des froissements, bien des haines, quelquefois même des désastres (1).

Et c'est ainsi que la loi de 1884 est devenue l'occa-

(1) M. I. FINANCE cite un trait caractéristique dans ce sens : (*Réforme Sociale*, 1895, 16 juillet et 1er août ; p. 218.)

« A Rive-de-Gier, les métallurgistes demandaient à avoir une demi-heure de plus pour leur repas, afin de pouvoir manger en famille ; aucune question de salaire n'était soulevée. Une délégation est envoyée au patron qui, après avoir d'abord refusé de la recevoir, se ravise et fait venir un des délégués. — « Est-il vrai, dit-il à brûle-pourpoint, que si je renvoyais l'un des délégués, la grève serait aussitôt déclarée ? » — « Parfaitement, répond l'ouvrier. » — « Eh bien passez à la caisse, on va vous donner votre compte. »

On comprend trop quel devait être le résultat d'un pareil procédé.

sion d'une accentuation de l'antagonisme entre classes, accentuation que les pénalités d'une loi Bovier-Lapierre, Basly, Jaurès ou autres ne ferait que redoubler encore.

Cependant, quelques hommes se sont montrés plus sensés, plus sages, plus prudents. — Ils se sont rendu compte que « les frères ennemis ne pouvaient rien l'un sans l'autre, et qu'ils pouvaient tout, au contraire, l'un rapproché de l'autre. »

Ils ont opté pour *l'état contractuel*.

Comment? C'est là ce qui doit concentrer, désormais, notre attention.

III

Déjà, antérieurement au vote de la loi de 1884, des industriels et des hommes d'œuvres, guidés en cela par leurs convictions et leur générosité de catholiques, avaient cherché l'union fraternelle et la concorde des ateliers dans un retour à l'organisation et aux coutumes corporatives : c'est ainsi qu'avaient été tentés quelques essais comme celui du *Val-des-Bois*, dans la grande industrie, et comme la *Corporation des menuisiers et ébénistes de Nantes*, dans les arts et métiers. Ces groupements devaient trouver leur expression légale dans le syndicat mixte.

La plupart de ces corporations avaient pour base l'affirmation religieuse et comportaient des obligations

d'ordre confessionnel : mais si leurs organisateurs, en
plaçant au seuil des institutions nouvelles ces exigences
cultuelles, pensaient établir ainsi avec plus de stabilité
les bons rapports entre gens que réuniraient déjà, dans
le domaine le plus élevé, de communes croyances, ils
ne prétendaient nullement monopoliser à leur profit une
forme d'association qu'ils prônaient pour sa valeur
intrinsèque et dont ils admettaient parfaitement la pratique avec des principes différents et, par exemple, sur
le terrain de l'absolue neutralité religieuse et de l'amélioration purement professionnelle.

Aussi M. de Mun s'était-il bien défendu, à la Chambre, de l'accusation d'exclusivisme portée à tort contre
lui et ses amis, et avait-il insisté sur la portée générale
de son amendement qui tendait à privilégier non pas les
seuls syndicats mixtes catholiques, mais tout syndicat
mixte, quel qu'il fût et d'où qu'il vînt.

C'est en nous plaçant nous-même sur ce terrain
élargi, que nous allons maintenant étudier le syndicat
mixte, abstraction faite de tous autres caractères que
ceux inhérents à l'essence même de cette institution de
pacification professionnelle et de progrès social.

Le syndicat mixte, avons-nous dit dans l'intitulé
même de notre étude, est une *institution professionnelle
à tendance corporative ;* c'est-à-dire une institution ayant
pour but de remplacer, dans le domaine de la production
économique, l'état d'anarchie et d'antagonisme par l'organisation et l'esprit de famille.

Cette institution relève à la fois du *patronage* et de *l'association*. Dire que cette institution participe du patronage, c'est peut-être — à l'heure actuelle et en présence de la vogue d'égalité et d'émancipation qui entraîne tout et tous — la vouer à l'exécration et à l'index.

Et cependant il s'agit ici, comme en toute autre chose, de ne pas se laisser terrasser par des fantômes, de ne pas se payer de mots ronflants, mais de solides raisonnements.

Il faut donc proclamer bien haut que si l'égalité *matérielle* entre les hommes est, à tout prendre, momentanément réalisable, l'égalité intégrale et permanente est un leurre et une chimère : et ceux-là qui se fourvoient à en hâter l'avènement impossible, s'emploieraient bien plus utilement en concentrant leurs efforts sur les deux autres termes de la trilogie sacrée, c'est-à-dire l'obtention du maximum de liberté dévolue à un chacun, et de fraternité établie entre tous.

Admettons, sans hésiter, la résolution de l'ouvrier moderne de n'être plus traité en enfant, en mineur, incapable de régler ses affaires tout seul et injustifié à y prétendre ; convenons que dans la famille industrielle, agricole, tous les facteurs composants doivent être réciproquement sur le pied de frère à frère : encore faut-il bien reconnaître que, parmi les frères, il y aura toujours des aînés ; qu'une certaine différence s'impose ;

qu'une hiérarchie est nécessaire pour la bonne marche et l'entente durable de la communauté.

Oui, le mot est lâché, une certaine hiérarchie est nécessaire, et il est indispensable de poser en règle que, dans la corporation moderne, il ne peut y avoir place que pour l'ouvrier, pour l'employé décidé à accorder au patron, au maître, au chef d'entreprise, — sans abdiquer, d'ailleurs, quoi que ce soit de son indépendance légitime et de l'intégralité de ses droits, — une certaine somme de déférence et de respect.

C'est dans cette mesure bien restreinte que le syndicat mixte relève du patronage. Il pourra s'y rattacher encore, en fait, par l'*initiative* qui viendra plus souvent — c'est normal — d'en haut que d'en bas. Mais le patronage dont il s'agit ici est bien distinct du patronage strict et étroit; c'est mieux encore que le patronage qualifié parfois de libéral. Le seul nom qui lui puisse convenir est celui de *patronage associé*.

L'*association*, en effet, est l'essence même du syndicat mixte : et l'association, c'est ici, par définition, la réunion de plusieurs pour la recherche en commun du bien général de la profession et du mieux-être particulier de chacun de ses membres.

L'association, qui n'exclut pas une hiérarchie rationnelle, comporte, du moins, la participation volontaire de tous ses adhérents à l'œuvre commune, à titre principal : l'auxiliaire n'est pas un associé.

Aussi, tout membre du syndicat mixte trouve, dans sa

qualité même d'associé, la garantie de son indépendance de pensée et de son autonomie d'action, ordon-
nées, sans doute, dans le sens de l'intérêt général.

Le syndicat mixte forme donc un tout très simple,
mais bien agencé, — organique (1).

Ce n'est pas un agrégat d'individus rassemblés pêle-
mêle et au hasard, et nous ne voyons pas prévaloir ici

---

(1) J'ai constaté après coup, que dans ma détermination des
caractères que devait présenter le syndicat mixte, je m'étais ren-
contré presque absolument avec la définition suivante que donne
de la corporation l'éminent économiste, M. Charles Périn, dans
son ouvrage sur le *Patron :* « La corporation est la combinaison
la plus parfaite des deux forces par lesquelles se régularise et s'or-
ganise la liberté du travail.

D'abord, la corporation nous offre le patronage dans sa perfection. En effet, dans cette corporation, il y a un maître, c'est-à-
dire un chef d'industrie pour le compte duquel le travail s'effectue
et qui en prend à sa charge tous les risques. Et le maître...
exerce à l'égard de ses ouvriers le patronage, c'est-à-dire que l'ouvrier trouve en lui cette protection mêlée de charité fraternelle et
d'autorité paternelle qui forme, dans la hiérarchie du travail, le
lien le plus fort et le plus utile à tous.

La corporation réalise aussi l'association, car toutes les œuvres,
soit morales, soit économiques, par lesquelles le patron peut
éclairer et guider l'ouvrier, améliorer sa condition, assurer son
avenir, sont des œuvres d'association. L'homme isolé ne peut pas
grand chose par lui-même ; il n'est fort que lorsqu'il unit ses
forces à celles de ses semblables. Il n'est fort non plus, que lorsqu'il reçoit une direction et reconnaît un lien hiérarchique.
Toute l'organisation de la corporation, toute sa puissance sont
là. »

les règles qui président au fonctionnement de notre incohérent parlementarisme politique : la loi du nombre n'a que faire en notre cas. Peu importe la proportion numérique existant entre les membres patrons et ouvriers, employeurs et employés. Au fond, il y a ici, groupés par l'association, deux éléments en présence possesseurs de droits égaux : l'entreprise et la main-d'œuvre, le capital et le travail. Aussi, ces deux éléments doivent-ils se trouver représentés en force égale dans le conseil syndical, organe de délibération et d'action du syndicat.

Il est, d'ailleurs, inutile de préciser actuellement les diverses conditions d'éligibilité et d'électorat à ce conseil : leur étude se présentera plus utilement avec celle des différentes formes que peut revêtir le syndicat mixte, suivant le milieu où il se développe. Mais il importait de poser, dès le début, le principe dominant de la *représentation par catégorie d'intérêts*.

Nous le répéterons donc, le syndicat mixte forme un tout très simple, mais organique et hiérarchique. — C'est là ce qui différencie l'institution corporative de nombre d'autres associations, des sociétés coopératives par exemple, dont chaque membre n'est aucunement considéré pour ses qualités individuelles et sa fonction sociale, mais évalué seulement au prorata de sa mise de fonds ou de son apport d'énergie.

Jusqu'ici nous n'avons guère considéré le syndicat mixte que comme un remède partiel et local à l'anarchie des ateliers, et au seul point de vue des avantages qu'en peut retirer l'industrie.

Borner à ce point son rôle, ce serait par trop restreindre la portée d'application de cette institution qui peut rendre au commerce, comme à l'agriculture, de signalés services.

Ceux qui l'ont prôné tout d'abord, présentaient, au contraire, le syndicat mixte un peu comme une panacée universelle. C'était, pour eux, le moyen légal et moderne de ramener progressivement une restauration du régime corporatif accommodé aux mœurs contemporaines et à l'état de choses actuel et embrassant les diverses branches de l'activité sociale.

Quoi qu'il en soit de ces espérances dont nous ne voulons pas préjuger le bien fondé, on doit considérer comme acquis, dès maintenant, que le syndicat mixte s'adapte tout naturellement aux conditions d'existence des arts et métiers pour lesquels avaient été créées autrefois les institutions corporatives, et que, en modifiant ses procédés d'établissement, il peut être utilisé avec profit dans la grande industrie. C'est peut-être même dans ce milieu qu'il est de nature à rendre aujourd'hui les plus signalés services, car il favorise ces contacts de classes rendus trop rares par les exigences des modernes installations.

Le commerce, lui aussi, semble appelé à en tirer parti à son tour, et tout porte à croire que cette institution interviendrait à propos dans l'état de lutte aiguë créé par le développement des grands magasins.

Enfin, dans le monde agricole, l'association mixte
vient à point contrebalancer les malheureux effets de
l'absentéisme des grands propriétaires, les perturba-
tions de la crise économique et la propagande du socialisme rural.

On le voit, même réduit à ces proportions, le champ
d'action du syndicat mixte est déjà vaste, et pour ainsi
dire illimité.

Il convient de préciser un peu, maintenant, le rôle
qu'il y doit jouer.

Les bienfaits du syndicat mixte sont multiples et va-
riés. — Au point de vue moral, le syndicat mixte réalise
le rapprochement effectif des classes et l'apaisement des
haines. A une époque où la scission entre les diverses
catégories de citoyens est si profonde, où les convoitises
sont si surexcitées, et les susceptibilités si facilement en
éveil, rien ne peut avoir un effet plus calmant et plus
pacifiant que ces réunions d'hommes de même profession, mais de fortunes diverses, rapprochés les uns des
autres sur le pied de l'égalité des droits et de l'estime
réciproque, sans prééminence d'un groupe sur l'autre,
ni subordination humiliante de certains syndiqués à
leurs coassociés, dans un but de communes études et
de libres délibérations sur des questions intéressant tous
et chacun au plus haut degré. — Chaque membre est
appelé à apporter au développement impersonnel de
l'institution, toutes ses lumières et toute sa bonne vo-

lonté. La création d'un patrimoine collectif, sur lequel tous les adhérents au syndicat ont un droit égal et indivis, est un des avantages capitaux de l'association ; elle élève à la dignité de propriétaire bien des individualités auxquelles leur situation personnelle de fortune et de famille n'aurait jamais permis l'accession à la propriété privée. Par le contact immédiat et sans intermédiaire des uns avec les autres, les patrons s'éclairent sur les besoins réels de leurs ouvriers et sur les abus des ateliers ; les ouvriers, de leur côté, constatent les bonnes dispositions des chefs d'entreprise à leur égard, et ils comprennent les difficultés nées de la concurrence et d'autres causes externes contre lesquelles viennent se heurter parfois ces bonnes dispositions. Les questions techniques sont traitées entre gens essentiellement compétents, et envisagées sous les points de vue différents de la direction et de la main d'œuvre, du capital et du travail.

Et cela nous amène aux services d'ordre professionnel rendus par le syndicat mixte. — C'est par lui que se trouveront résolues, tout naturellement et au mieux, les difficultés concernant le contrat de travail, les règlements d'ateliers, les conditions de l'apprentissage, l'enseignement professionnel, le placement des syndiqués sans ouvrage. La question des salaires, qui domine tout, entrera évidemment en ligne de compte, et là où le taux nominal sera reconnu ne pouvoir en être élevé, on pourvoira, du moins, à en augmenter la valeur réelle.

Alors s'ouvre toute la série des avantages économiques que le syndicat peut procurer à ses membres
par les institutions basées sur la mutualité ou la coopération, et dont les bienfaiteurs et bailleurs de fonds sont
tout indiqués.

Mais il ne faut pas localiser et restreindre la portée
du syndicat mixte ; il convient, au contraire, de ne pas
perdre de vue le rôle social qui peut lui être dévolu dans
l'avenir.

En effet, nous marchons, bon gré, mal gré, vers une
réorganisation quelconque des corps d'états livrés aujourd'hui à l'anarchie et à la guerre intestine ; et le jour
est proche où l'on se verra dans l'obligation de constituer des organes professionnels consultatifs, légiférants
et arbitraux, moins défectueux que les Chambres de
commerce actuelles et que les Chambres artificielles
d'agriculture dont on parle de nous doter. Ces organes,
s'ils sont créés de toutes pièces par mesure administrative, n'auront jamais l'efficacité d'institutions émanées
de l'initiative privée. Quel corps, quelle assemblée pourrait, au contraire, prétendre à plus de compétence et
d'autorité que ces libres associations réunissant côte à
côte les divers facteurs de la production, le jour où
celles-ci se seraient multipliées et généralisées ?

Les syndicats mixtes sont donc appelés à un rôle des
plus importants dans une organisation politique et sociale
moins irrationnelle que le régime bâtard de suffrage
universel anarchique et inorganique qui nous régit.

Sans anticiper sur un avenir encore problématique, et sans étendre démesurément notre horizon, il nous est permis de conclure, en restreignant notre ambition dans les limites de l'amélioration purement industrielle et agricole, que le syndicat mixte semble *théoriquement* réaliser les conditions les plus favorables de pacification de la société par l'organisation hiérarchique et la fraternité professionnelle.

Ceci posé, nous allons voir maintenant quels ont été les effets *pratiques* de ce remède, là où l'expérience en a été tentée.

CHAPITRE III

LE SYNDICAT MIXTE DANS LA GRANDE INDUSTRIE (1).

Sommaire : I. Le Syndicat mixte dans la grande industrie : son urgente utilité ; ses difficultés ; ses conditions de succès. — Succédané nécessaire : le Conseil d'usine. — Analogies et distinctions : le Val-des-Bois.— Syndicat d'usine et Conseils d'ateliers. — II. — Monographie des Syndicats mixtes de la région du Nord de la France : Lille : la Corporation Saint-Nicolas. — Tourcoing, Roubaix, Fourmies : les Syndicats de l'industrie textile et leurs institutions annexes : Sociétés de secours-mutuels, de consommation, d'épargne; coopératives, immobilières. — Ces sortes de Syndicats sont réalisables même en cas d'exploitation par une société anonyme. — Leurs institutions plus efficaces que

(1) Bibliographie :

Le Val-des-Bois : Situation actuelle, 1895.

Urbain Guérin : *Fileur en peigné et régleur de métiers de la manufacture du Val-des-Bois (Marne).*

R. P. Fristot : *Une tentative d'organisation ouvrière dans le Nord de la France.*

Adolphe Sevin : *Les patrons catholiques du Nord, de 1884 à 1894.*

J'ai des remerciements tout spéciaux à adresser à MM. Féron-Vrau, de Lille ; Bernard Flipo, de Tourcoing ; Georges Heyndrickx, Eugène Ernoult et Alexandre Faidherbe, de Roubaix, pour tous les renseignements qu'ils ont bien voulu me fournir avec une si parfaite amabilité.

celles du patronage simple. — III. Les critiques. — Le caractère religieux : la Confrérie ; le syndicat mixte est concevable et réalisable avec une base plus large. — Le caractère patronal : atténuations et améliorations ; l'indépendance et l'initiative laissées aux syndics ouvriers sur le choix des matières à étudier et la direction de la discussion : les comités ouvriers d'études sociales ; les institutions économiques et leur gestion. — Le caractère charitable : extension du rôle du Syndicat mixte à tout ce qui intéresse la profession et ses auxiliaires.

I

Il convient d'étudier tout d'abord le fonctionnement du syndicat mixte dans la grande industrie : c'est dans ce milieu, en effet, que ses modes d'établissement sont le plus délicats et le plus complexes, et qu'apparaît mieux l'urgence de sa bienfaisante intervention.

Il est bien inutile de revenir ici sur les motifs de mécontentement et les ferments de haine qui éclosent spontanément, chez l'ouvrier d'usine contemporain, de son assujettissement à une existence artificielle et instable dans de vastes caravansérails où il apparaît en humble auxiliaire de la triomphante machine, fournissant un travail monotone et purement mécanique, comme tout ce qui l'entoure, entrant à l'atelier et en sortant à des heures invariables, soumis à des règlements d'une minutie rigoureuse et n'ayant à faire qu'avec le contre-maître ou chef d'atelier, cet intermédiaire

abhorré — comme le sous-officier à la caserne — et
dont l'avancement en grade est réputé proportionné au
zèle tracassier et aux vexations inquisitoriales. De rapports directs et familiers entre l'entreprise et la main-
d'œuvre, jamais ou presque jamais : le travailleur, nous
l'avons dit, est un numéro, ce n'est pas une individualité et peu importe qu'il soit célibataire ou père de famille, jeune ou vieux, vigoureux ou valétudinaire : pour
un prix convenu, il doit fournir une certaine somme
de travail ; c'est la seule considération qui entre en
ligne de compte (1). D'ailleurs, à supposer qu'il pût en
être autrement, en dépit des conditions draconiennes de
la concurrence internationale auxquelles doit se plier,
bon gré, mal gré, l'ensemble de l'industrie, qui donc
s'intéresserait au sort particulier de chaque ouvrier ?
L'entreprise, bien souvent, est impersonnelle comme le
travail lui-même ; le directeur est un salarié comme les
hommes de peine ; le vrai chef d'exploitation, ce sont
les capitaux anonymes avec toutes les duretés, parce-
que l'irresponsabilité, de l'anonymat.

La charité purement pécuniaire, quelque libérale
qu'elle soit, ne suffit pas à combler l'abîme qui sépare
les classes dans une pareille organisation économique :

---

(1) Ce sombre tableau ne concerne pas ces usines patriarcales
où la bonne harmonie et les habitudes de la vie de famille sont la
base traditionnelle des relations entre le patronat et les employés ; mais c'est une peinture malheureusement trop exacte des
ateliers modernisés.

ce qu'il faut à l'ouvrier aigri par le spectacle quotidien du contraste entre les situations sociales, c'est le relèvement moral, le don de soi-même consenti par ces êtres privilégiés qui lui paraissent si distants de sa chétive individualité.

Combien efficace sera, dans ces conditions, l'institution qui rapproche dans une association familiale et volontaire les éléments si désunis de la profession ! C'est là le bienfait capital du syndicat mixte : rétablir ces contacts directs et ces liens étroits que les modernes installations industrielles tendent à supprimer complètement.

Mais cela sera-t-il possible ?

Évidemment cela ne va pas sans de grosses difficultés. Une pareille entreprise heurte d'abord de front tous les subterfuges de l'égoïsme, tous les préjugés de l'orgueil, tous les calculs de l'avidité. Comment un industriel, un chef d'entreprise pourrait-il trouver le temps de s'occuper de choses aussi accessoires, dans la fièvre d'affaires qui dévore ses journées ? et dans quel but ? pour s'abaisser au niveau de ces salariés jamais contents, les écouter formuler leurs prétentions insensées, toujours diamétralement opposées aux intérêts de l'entreprise et inconciliables avec la bonne direction du travail ?

Et à l'autre extrémité de l'échelle, quelles répugnances l'ouvrier ne devra-t-il pas vaincre pour accepter de se rencontrer sur le pied de la familiarité avec ce patron redouté, rendu responsable de tant de petites blessures, et qui profitera peut-être encore de ce rapprochement momentané pour empiéter une fois de plus sur le peu d'indépendance et d'autonomie qu'il laisse à son subordonné ?

Oui, les obstacles moraux qui se dressent à l'encontre de la réalisation de cette œuvre, semblent vraiment insurmontables, et l'on comprend que seuls, jusqu'à présent, des croyants, stimulés par leur conscience, aient eu la générosité de les affronter. Et cependant, l'intérêt, même purement matériel, mais judicieusement compris d'un chacun, milite en faveur d'une pareille tentative. Tous ne peuvent qu'y gagner : personne n'y risque grand chose. L'expérience en est au moins à faire.

Quelles sont donc les conditions de l'observation desquelles dépend le succès d'une aussi délicate entreprise ?

L'établissement du syndicat mixte dans la grande industrie comporte deux séries d'opérations bien distinctes : en premier lieu, *l'organisation interne par usine*, qu'on l'appelle corporation intérieure, conseil d'usine, etc... peu importe ; — puis le groupement externe de ces organismes primaires, l'association de ces faisceaux professionnels, *le syndicat* à proprement parler.

Ces deux degrés de l'organisation complète sont l'un et l'autre absolument nécessaires.

Évidemment, que l'on réunisse, d'une manière quelconque, des patrons et des ouvriers d'une même profession ou de professions similaires, on aura toujours un syndicat mixte au sens légal du mot ; on n'aura souvent qu'une institution sans vie et sans utilité. Grouper les directeurs de plusieurs usines et une partie de leur personnel, c'est faire œuvre inefficace si l'on ne pose à la base de l'association la reconstitution familiale de l'atelier. Si l'établissement de contacts entre patrons et ouvriers, en général, est désirable, ce sont les liens directs et intimes, entre les chefs de chaque exploitation et leur personnel, qu'il importe, avant tout, de renouer. Un syndicat mixte qui ne s'étaie pas sur de solides groupements intérieurs d'usine, sera toujours sans force et sans cohésion : le conseil d'usine est le succédané indispensable de l'association mixte, c'est le point de départ ; le but principal du syndicat est de fortifier et de développer par l'union les œuvres d'usine. Si donc, le syndicat est constitué sans l'appui de cet élément essentiel, il travaille dans le vide. L'usine reste l'unité naturelle, le groupement primordial : tout plan de reconstitution professionnelle qui ne la prend pas comme assise fondamentale, est artificiel.

Le conseil d'usine, d'ailleurs, peut exister indépendamment de tout syndicat, et, partout où il fonctionne, que ce soit à Mariemont et Bascoup (Belgique), Gladbach (Allemagne), Simmering (Autriche), ou en France, et de quelque nom qu'il soit baptisé, partout on le proclame un incomparable instrument de pacification sociale. — Un patron lillois, éminent par les conceptions et par les œuvres, me disait naguère : « Avec un bon contrat de travail et le conseil d'usine, vous pouvez être assuré que la paix et la joie règneront dans les ateliers. »

Mais le conseil d'usine, à lui tout seul, n'est pas le syndicat mixte. — Le syndicat mixte est la réunion de plusieurs conseils d'usine : c'est la condition de sa force et de son autorité ; c'est la garantie, pour les questions professionnelles qu'il doit trancher, d'une étude dégagée du souci des intérêts particuliers et de solutions inspirées par l'unique considération du bien général.

Aussi, une association qui réunit les directeurs d'une seule exploitation et leurs employés, a beau porter l'étiquette légale du syndicat mixte, elle n'en réalise pas une des conditions théoriques essentielles. Ce n'en est pas moins, du reste, une œuvre excellente : c'est une association intérieure mixte d'usine.

Telle est, par exemple, la corporation chrétienne du Val-des-Bois.

Et puisque nous rencontrons sur notre route le nom de cette manufacture modèle du Val-des-Bois, arrêtons-nous un instant, pour jeter un coup d'œil sur ses institutions admirables qui devraient servir de type à toute organisation corporative intérieure d'usine.

Nous ne prétendons pas énumérer ici tous les avantages dont bénéficient les travailleurs employés dans

cette usine où tout paraît avoir été prévu et combiné
pour pallier les inconvénients hygiéniques, moraux et
sociaux de la vie d'atelier, et où tout vise à rendre possible et confortable pour l'ouvrier la vie de famille si
difficilement conciliable avec les exigences de la grande
industrie.

La direction essentiellement paternelle du Val-des-
Bois s'est ingéniée à procurer, par tous les moyens
imaginables, à ses auxiliaires de la main-d'œuvre, une
existence à la fois large et économique.

Mais, sans nous attarder à considérer celles des facilités mises à la portée des ouvriers qui constituent,
de la part des patrons, une pure libéralité (1), — comme
par exemple celle qui consiste à tenir à la disposition

---

(1) Nous ne voulons cependant passer sous silence, une institution très spéciale et qui force l'attention et l'admiration, c'est
celle qui résout pratiquement, au Val-des-Bois, la question si épineuse du *salaire familial*, à propos de laquelle ont été soutenues
d'interminables et trop confuses discussions.

« Dans les *Ouvriers Européens*, dit M. Urbain Guérin (*Fileur
en peigné*, p. 126 et s.), Le Play a défini ainsi le salaire : « Rétribution accordée à l'ouvrier en échange de son travail. Chez les
sociétés modèles, il comprend deux parties : l'une, le salaire proprement dit, est proportionnelle aux efforts de l'ouvrier ; l'autre,
les subventions, est proportionnelle aux besoins de la famille. » Il
a montré par des observations réitérées, qu'aux époques de paix
sociale, le salaire avait été donné en proportion des besoins de la
famille ouvrière, prise comme unité sociale, et non pas de l'ouvrier, qui, en tant qu'individu, ne se montre qu'à l'état d'exception. — Aussi, a-t-il pris pour sujet de ses monographies, les

du personnel employé, des habitations complètes et spacieuses pour des prix de location qui n'atteignent jamais dix francs par mois, — nous voudrions ne nous appesantir un peu que sur *les institutions d'organisation ouvrière* et les œuvres économiques qui en dépendent et dont la gestion est abandonnée à ceux-là qui en bénéficient.

L'ensemble des institutions professionnelles et économiques du Val-des-Bois a été désigné par M. Harmel sous le nom de *Corporation chrétienne.* « Jusqu'à 1884,

familles ouvrières, et non pas l'ouvrier envisagé en lui-même et séparé des siens.

Cette vérité longtemps méconnue, commence à être aperçue, et le trouble jeté dans le monde du travail par l'économie nouvelle qui renversait toutes les anciennes traditions, a convaincu un grand nombre de chefs d'usine qu'il ne leur était plus permis de laisser de côté toute préoccupation relative aux familles des ouvriers; qu'ils devaient donner, à celui qu'ils emploient, le moyen de nourrir lui et les siens. »

Suivent d'intéressantes communications sur tout ce qui a été tenté en ce sens au *familistère de Guise* et par les Compagnies des *Chemins de fer du Nord, du P.-L.-M., de l'Ouest.* — Nous verrons, plus loin, que les membres du *Syndicat mixte de Tourcoing* sont aussi entrés dans cette voie.

« Voici quels procédés sont employés au Val, pour établir le salaire familial :

Une caisse de famille a été constituée, destinée à compléter le salaire insuffisant ; avec des loyers bon marché, des jardins, le coût de la vie peu élevé, la société coopérative et les avantages inhérents à la campagne, le minimum indispensable a été fixé à 0 fr. 60 par tête et par jour, sans défalcation des jours fériés ou

il n'y avait guère là qu'un mot ; la loi du 21 mars
1884 en a fait une réalité et lui a donné une existence
légale. Les statuts du syndicat professionnel des patrons et des ouvriers de la Corporation chrétienne du
Val-des-Bois ont été adoptés en assemblée générale et
déposés à la mairie (1) ».

Dans la Corporation chrétienne, il y a lieu de distinguer le *syndicat d'usine* duquel ressortissent les
œuvres économiques de différentes natures, et le *Con-*

---

chômés. Qu'une famille compte sept enfants, par exemple, avec le
père et la mère ; que le père seul travaille et gagne 4 francs par
jour ouvrable, soit 24 francs pour la semaine, elle aura droit,
d'après le calcul du minimúm fixé plus haut, à un supplément de
13 fr. 80 par semaine. Avec beaucoup de sagesse, le patron, d'accord avec les conseils ouvriers, a pensé qu'il était préférable de
remettre cette somme en nature. — M. Léon Harmel, en expo-
sant cette heureuse combinaison, a fait remarquer que la situation
des veuves était particulièrement digne de sollicitude ; c'est à elles
peut-être que l'institution du salaire familial rend les plus grands
services, quand surtout les pauvres femmes sont chargées d'enfants.

Une commission ouvrière distribue cette rétribution supplémen-
taire chaque quinzaine ; ses membres prennent connaissance des
salaires qui n'atteignent pas le minimum ; ils visitent les intéressés et déterminent d'après les besoins de la famille quels objets
devront être fournis. Ce supplément conserve sans doute le caractère d'une libéralité, mais toutefois l'intervention de la commission ouvrière à laquelle toutes les réclamations sont portées, lui
donne le mérite de la fixité ; ce n'est donc pas une récompense de
bonne conduite, ni un don arbitraire de bienfaisance. »

(1) Urbain Guérin, *Fileur en peigné*, p. 123.

seil d'usine dont le but est d'étudier les questions d'ordre technique et professionnel.

Le *syndicat mixte* a été créé le 2 août 1885. Il se compose : 1° des patrons de l'usine et de leurs collaborateurs et auxiliaires (directeurs, ingénieurs, employés); 2° des ouvriers, ouvrières, contre-maîtres ou employés de l'usine âgés de dix-sept ans au moins.

L'association (art. 5) est administrée par un *Conseil syndical* ou corporatif.

Le conseil comprend : 1° des patrons et des auxiliaires désignés par eux; 2° des ouvriers en nombre égal à celui des syndics patrons, élus par leurs camarades. — Sont électeurs les hommes au-dessus de dix-huit ans. — Sont éligibles les hommes au-dessus de vingt-cinq ans, qui sont Français et font partie du syndicat depuis plus de trois ans.

Le Conseil syndical se réunit au complet tous les mois (1). — Les deux groupes dont il se compose se réunissent à part chaque semaine, à des jours différents : le groupe patronal sous le nom de *Comité;* le groupe ouvrier sous le nom de *Conseil intérieur,* lequel comporte, outre les syndics ouvriers, plusieurs autres *conseillers* élus aux deux tiers des suffrages exprimés (2).

(1) Le syndicat a des assemblées mensuelles, et deux assemblées générales par an.

(2) Est éligible aux fonctions de *conseiller,* tout ouvrier au-dessus de 20 ans, faisant partie du syndicat depuis 3 ans, sans condition de nationalité.

L'indépendance et l'égalité des deux éléments corporatifs sont donc absolument garanties par le règlement.

C'est le Conseil syndical qui nomme les diverses *commissions* chargées d'administrer les institutions sans nombre ressortissant du syndicat. Il nous est impossible d'entrer dans le détail des services rendus par toutes ces institutions.

La *Société de secours mutuels*, la plus ancienne de toutes, date du 21 janvier 1846. Elle assure, en outre des frais de médecin, de médicaments, de couches et de funérailles, une indemnité de maladie proportionnée aux cotisations, et qui se double, en cas d'accident (grâce au bénéfice d'une assurance collective contractée par la société), d'une indemnité distincte journalière égale à la moitié du salaire quotidien du blessé. — En cas d'incapacité permanente de travail, la rente est basée sur un capital de 1,500 fois le salaire de la victime, calculé sur un minimum de 4 francs. — En cas de mort (toujours par accident), la famille reçoit un capital de 600 fois le salaire quotidien de la victime.

Une *Société anonyme coopérative*, constituée le 6 octobre 1879, au capital de 20,000 francs réparti en actions de 100 francs, — dont 10,650 francs ont été versés, — se divise en plusieurs branches : boulangerie, magasins d'habillement, de chaussures, toile, bonneterie, section d'achats directs, etc... Elle fait, chaque année, environ 80,000 francs d'affaires et 6,000 francs de bénéfices dont 7/8 sont distribués aux acheteurs. —

Les actionnaires, dont le dividende n'est constitué, cependant, que par le 1/8 restant des bénéfices (plus l'intérêt fixé à 3 0/0), ont vu, au dernier inventaire du 31 mars 1896, leurs actions rapporter 11 0/0 du capital nominal. Les actions sont exclusivement réservées aux membres du syndicat mixte, pour lesquels, on le voit, elles constituent un placement de tout premier ordre.

La Société coopérative du Val est fondée, comme toutes ses congénères, sur le paiement au comptant. Mais des familles, même de très bonne conduite, peuvent se trouver dans un embarras momentané et dans l'impossibilité de solder aussitôt les marchandises qu'elles prendraient; elles seraient donc privées des bénéfices de la coopérative au moment même où elles en auraient le plus besoin.

Aussi, une *caisse d'avances* ou de *prêts gratuits* a-t-elle été créée ; une commission décide quelle avance doit être faite à l'ouvrier et dans quel délai elle devra être remboursée : c'est un véritable prêt d'honneur qui n'est accordé qu'aux familles de moralité irréprochable. On conçoit les services immenses que rend une pareille institution dont la pratique présenterait bien des dangers et causerait bien des déboires, dans un milieu où le niveau moral ne serait pas aussi élevé qu'au Val-des-Bois.

Ce sont encore les Commissions syndicales qui surveillent le fonctionnement de la *section des renseignements* d'ordres divers, des *caisses d'épargne* générale et scolaire, de *l'hôtellerie* pour les jeunes gens et les hommes sans famille, de la *bibliothèque*, des *sociétés religieuses* et *récréatives*, et enfin de la *caisse de famille* dont nous avons parlé en note (salaire familial).

Le syndicat possède une caisse corporative qui est alimentée par : 1° les versements des sociétaires fixés à 25 centimes par famille et par an ; 2° les subventions des patrons ; 3° une partie des bénéfices réalisés au moyen des institutions économiques, selon les décisions de l'assemblée générale, sur la proposition du conseil corporatif ; 4° les amendes (1).

Le *Conseil d'usine* est chargé de l'étude des améliorations techniques et de détail à apporter à la situation des travailleurs. C'est lui qui contribue le plus puissamment au maintien du bon esprit des ateliers et de la bonne entente entre patrons et ouvriers, bonne entente si facilement altérée par de petits malentendus quand ils ne sont pas liquidés aussitôt.

Le Conseil d'usine fonctionne au Val depuis 1885 ; il se compose d'un représentant de chaque salle désigné par le Conseil intérieur ouvrier parmi les anciens.

---

(1) Au Val-des-Bois, les amendes infligées par les contre-maîtres ne deviennent définitives qu'après la *signature d'un patron*. Les remontrances paraissent préférables et n'ont pas le côté odieux de la retenue sur le salaire. *La somme moyenne des amendes* prononcées chaque année *ne dépasse pas 20 francs pour tout le personnel de l'usine.*

Dans ses réunions de quinzaine, il étudie l'hygiène et
les mesures sanitaires, les précautions pour empêcher
les accidents, la formation des apprentis, les questions
de production, de salaire, de primes, d'enseignement
professionnel, les plaintes que peuvent faire les ouvriers pour un motif quelconque.

Les *Conseillères d'ateliers* remplissent les mêmes
fonctions pour les ateliers de femmes dont elles sont délé-
guées. « Rien de plus propre, ajoute M. Harmel, à établir
la confiance entre ouvriers et patrons que cet échange
périodique des idées et des sentiments sur les questions
qui dominent la vie du travailleur et qui préoccupent
constamment son esprit. C'est, à notre avis, une prépa-
ration et une formation nécessaires pour le fonctionnement du syndicat mixte. »

La conclusion qui découle naturellement de l'étude
d'ensemble des institutions professionnelles au Val-des-
Bois, c'est que : « M. Harmel a eu, non seulement le
pieux mérite d'être un bon patron, plein de bienveillance pour ses ouvriers, mais que, comprenant admira-
blement la situation nouvelle faite au patronat par la
grande industrie, il a appris à ses ouvriers à savoir se
gouverner eux-mêmes, il les a rendus capables de se
mêler avec intelligence aux affaires de l'usine, et, dans
le syndicat mixte qu'il a fondé, il leur a laissé le libre
exercice de leurs droits légitimes (1) ».

(1) A. Nogues, *Association catholique*, 15 mars 1896, p. 323.

II

Après avoir ainsi étudié un type véritablement achevé d'organisation intérieure d'usine, nous allons voir maintenant fonctionner d'importants syndicats fédérant de nombreuses maisons d'industries similaires. — Les groupements mixtes complets ne se rencontrent guère actuellement, pour la grande industrie, que dans un petit rayon du Nord de la France, où ont été fondés successivement *la corporation des filtiers* de Lille, et les *syndicats de l'industrie roubaisienne, tourquenoise et fourmisienne.*

Le milieu ambiant, le genre d'industrie se prêtent-ils donc là, mieux qu'ailleurs, à des tentatives de cette nature ? On ne peut vraiment le prétendre. Si l'on veut tenir compte de ce fait que « les populations des Flandres ont conservé plus que d'autres l'esprit d'association, en même temps que l'attachement aux institutions locales (1) » et aussi la fidélité aux traditions religieuses et le respect de la hiérarchie sociale, il faut, en revanche, pour ne pas diminuer le mérite des initiateurs de ces institutions excellentes, ne pas dissimuler la contre-partie de ces constatations : Roubaix

---

(1) R. P. Fristot : *Une tentative d'organisation ouvrière dans le Nord de la France* (1889).

n'était-elle pas hier encore la *cité sainte* du socialisme, la citadelle, plus inébranlable que Saint-Denis et Carmaux, des révolutionnaires ? Et les fusillades de Fourmies sont-elles déjà sorties des mémoires ?

Mais non, écartons de parti-pris les épithètes sonores et les sanglants souvenirs, et recourons seulement aux données de la froide statistique. — Ouvrons au hasard un numéro quelconque du *Bulletin de l'Office du travail,* celui de janvier 1896 par exemple. Nous y lisons, sous l'intitulé : *Les grèves en décembre 1895 :* « 24 grèves ont été déclarées en décembre 1895... Plus de la moitié de ces grèves, exactement 13, se sont produites dans les *industries textiles...* Il est à remarquer qu'en décembre dernier sur *24 grèves, 9 se sont produites dans le département du Nord,* et que ce département fournit 1,632 grévistes sur 2,244 connus pour la France entière. — *Une observation analogue a déjà été faite pour les mois précédents* ».

Les moyennes annuelles concordant sensiblement avec ces chiffres récents, cela ne prouve-t-il pas que l'industrie textile et le département du Nord sont une industrie et une région particulièrement atteintes par l'effervescence des esprits et l'acuité des rapports économiques et sociaux ?

Où donc les hommes qui ont entrepris de lutter contre des conditions si défavorables ont-ils puisé l'énergie nécessaire pour cette initiative ? L'un d'entre eux, M. Féron-Vrau, l'a proclamé bien haut : « En face des difficultés, la raison aurait dit de s'abstenir, la foi commandait de marcher en avant ». — L'efflorescence d'œuvres d'usine et de syndicats mixtes qui s'est produite depuis déjà dix ans à Lille, Douai, Roubaix, Tourcoing, Fourmies, Armentières, est due surtout aux encouragements mutuels que quelques chefs d'industries surent aller puiser dans des réunions communes périodiques.

Le 15 août 1884, à l'issue d'une retraite donnée par le R. P. Alet, aumônier de l'Œuvre des cercles, une vingtaine d'industriels résolurent, d'un commun accord, de créer une *Association catholique des patrons de la région du Nord de la France*. — Les premières adhésions recueillies portèrent le nombre des membres de l'association à 44. — Six ans après, en septembre 1890, le syndicat groupait 110 chefs d'industrie : il revêtit, à cette époque, la forme légale.

Deux ans plus tard, il était dissous par mesure correctionnelle. L'autorité judiciaire arguait de ce que des personnes étrangères à l'association étaient intervenues un certain nombre de fois dans les réunions syndicales (1).

Mais la persécution administrative intervenait trop

(1) L'arrêt de la Cour de cassation du 18 février 1893 rejetant le pourvoi formé contre l'arrêt de la Cour de Douai, en date du 26 octobre 1892 (confirmatif du jugement du Tribunal correctionnel de Lille, du 9 juillet 1892) peut bien être motivé le plus juridiquement du monde : il n'en est pas moins inique, en fait, d'avoir appliqué strictement la légalité à une association se proposant

tard. L'œuvre féconde était lancée : l'incendie, dit la
notice que j'ai sous les yeux, était allumé aux deux
pôles du monde industriel ; les patrons rappelés au
sentiment de leur responsabilité et à la pratique du devoir, les ouvriers guéris de leur haine farouche et de
leur défiance, pas toujours injustifiée jusque-là, se mon-
traient désireux de se rapprocher les uns des autres.
M. Harmel, qui avait donné l'exemple au Val-des-Bois,
trouvait enfin la récompense de son rude apostolat.
Désormais il avait des imitateurs convaincus.

Pour faire suite aux statuts de leur association patronale, les industriels catholiques du Nord avaient élaboré
un *plan général* des syndicats dont ils se proposaient
de promouvoir partout la création. Voici quelles en
étaient les grandes lignes :

Les syndicats sont des syndicats mixtes, ils comprennent des patrons et des ouvriers.

Ils sont établis dans des usines isolées, ou ils comprennent plusieurs usines (1). Dans ce dernier cas, ils
se distribuent en groupes intérieurs d'usines.

pour unique objet la pacification sociale, alors que l'on n'a jamais
inquiété les syndicats révolutionnaires présidés et dirigés par les
individus les plus notoirement étrangers à la profession. — Voir,
d'ailleurs, pour ce qui concerne le critique juridique de ces décisions de justice, l'étude que leur a consacré M. Maurice Deslandres,
professeur à la Faculté de Droit de Dijon, dans les *Pandectes
Françaises* (1895, 10e cahier, p. 433).

(1) Comme on le voit, les industriels catholiques n'avaient pas
évité, dans ce plan sommaire des institutions qu'ils se proposaient

Le groupe intérieur d'usine se compose du patron et de ceux de ses employés et ouvriers qui ont librement donné leur adhésion. Le groupe intérieur d'usine peut être plus ou moins nombreux ; quelques ouvriers de bonne volonté unis à leur patron, suffisent à le constituer.

Le groupe intérieur d'usine est une famille où chacun a souci de tous les autres, tant au point de vue de la dignité de la vie que des moyens d'existence.

Pour diriger le groupe intérieur d'usine à ce double point de vue, il y a le Conseil patronal et le Conseil intérieur.

Le *Conseil patronal* se compose des patrons et de ceux qui, à titre de hauts employés et de hauts surveillants, participent à sa responsabilité.

Le *Conseil intérieur* se compose du patron et des ouvriers investis de la dignité de dizainiers. Le patron est le président du Conseil intérieur et du groupe intérieur d'usine. L'un des dizainiers est désigné par les autres comme vice-président.

Le *groupe intérieur* d'usine se divise par dizaines d'ouvriers. Chaque dizaine a à sa tête un dizainier. Le dizainier est, chaque année, désigné par les membres de sa dizaine. Le même peut être réélu indéfiniment.

Le *syndicat* est formé par la réunion des groupes inté-

---

d'établir, la confusion entre les *organisations intérieures d'usines isolées* et les fédérations de plusieurs de ces conseils d'usine qui seules constituent, à proprement parler, des *syndicats mixtes*.

rieurs d'usines. Il est administré par un *conseil syndical*
où chaque groupe est représenté par deux syndics : le
patron et le dizainier vice-président du groupe.

Le patron désigne un de ses employés comme son
suppléant éventuel. Les dizainiers choisissent parmi eux
le suppléant du syndic ouvrier. Les suppléants assistent
au Conseil, mais ne votent qu'en l'absence du syndic
qu'ils représentent. Le président du conseil syndical
est, de droit, l'un des patrons désignés par les autres.

Comme on le voit, tous les intérêts sont représentés
dans le conseil syndical, et sauf en ce qui concerne la
présidence, la plus stricte égalité est maintenue entre la
délégation de la direction et celle de la main-d'œuvre.
Une part ingénieuse de représentation est faite aux employés ; elle répond exactement au rôle qu'ils occupent
dans l'industrie. L'employé est dans l'atelier, vis-à-vis
des ouvriers, le représentant du patron. Il ne convenait
pas que dans le syndicat il pût devenir son antagoniste ;
il ne pouvait, non plus, lui être égalé. La combinaison
adoptée sauvegarde tous les intérêts (1).

Il est formé au sein du syndicat un *patrimoine corporatif* destiné à faire face aux dépenses courantes, et
à créer un fond inaliénable dont les intérêts profitent
aux membres de l'association pendant tout le cours de
sa durée.

(1) R. P. FRISTOT : *Une tentative d'organisation ouvrière
dans le Nord de la France*, p. 26.

Cette caisse, à laquelle concourent les ouvriers par une modique cotisation, est alimentée surtout par les patrons. Ces derniers y contribuent par une cotisation régulière et par des libéralités volontaires. Ils peuvent l'intéresser à leurs bénéfices dans une mesure qu'ils déterminent eux-mêmes en toute liberté.

Le syndicat établit, en faveur de ses membres, des institutions d'assistance et de prévoyance : sociétés de secours mutuels, sociétés de consommation ou d'achats avec escompte, caisses d'épargne, sociétés immobilières de logements d'ouvriers, etc.

Les œuvres syndicales se ramifient par groupes intérieurs d'usine. Elles ont, dans chacun de ces groupes, un conseil particulier qui fonctionne sous la présidence du patron ou d'un de ses employés désigné par lui, et sous la vice-présidence d'un des ouvriers membres de l'œuvre, désigné par tous les autres.

Tous les vice-présidents ouvriers, et eux seuls, forment le Conseil central de l'œuvre économique sous la présidence d'un directeur général qui peut être choisi, en raison de ses aptitudes et de ses loisirs, même en dehors du syndicat.

Les groupes intérieurs d'usine entrent à leur gré dans l'œuvre syndicale ou s'en abstiennent ; de sorte que des groupes intérieurs d'usine qui auraient des institutions spéciales, peuvent les conserver tant qu'ils les jugent plus utiles à leurs intérêts.

Les membres des groupes intérieurs d'usine gardent

également leur liberté, et n'entrent dans les œuvres
syndicales que de leur plein consentement.

Tel est le plan sommaire qui fut adopté comme type
des institutions corporatives des centres industriels du
département du Nord ; il a été reproduit, modifié, amélioré suivant les endroits sur des points divers, mais les
règles principales d'établissement et de fonctionnement
du syndicat mixte y sont indiqués et notamment l'organisation à deux degrés : d'une part, le groupement intérieur d'usine dont le conseil intérieur, véritable conseil d'usine, est l'organe essentiel ; et d'autre part, la
fédération de ces groupements primordiaux dont la
puissance est décuplée par l'association.

Le premier syndicat de la région a été fondé à Lille,
le 11 mai 1885, sous le nom de *Corporation chrétienne de Saint-Nicolas*, pour toute l'industrie de
la filature, du tissage et de la filterie. Il reçoit les
ouvriers et les ouvrières, les employés et les patrons
dépendant, soit par le domicile, soit par la maison
industrielle, de la ville de Lille ou d'une commune
limitrophe.

Son siège social est 41, rue de Thionville.

Les statuts en ont été dressés conformément aux
prescriptions de la loi du 21 mars 1884 sur les syndicats professionnels, déposés à la mairie de Lille le
2 avril 1885 et revisés le 26 juillet 1889.

La Corporation chrétienne de Saint-Nicolas existe

donc légalement avec tous les privilèges conférés par la loi aux syndicats régulièrement constitués.

Son but, précisé par l'art. 2 de ses statuts, est de poursuivre les intérêts économiques et professionnels de ses adhérents. A cette fin, les membres associés s'engagent à contribuer de tout leur pouvoir :

1° A l'établissement et au maintien de la bonne harmonie entre ouvriers et patrons, en soumettant leurs relations réciproques aux règles de la justice et de la charité ;

2° Au développement de la capacité professionnelle et de tout ce qui peut assurer l'honneur de la corporation ;

3° A la fondation et à la prospérité de diverses institutions d'assistance et de prévoyance de nature à accroître le bien-être moral et matériel des ouvriers.

Il y a dans ces lignes tout un programme d'action dont les membres de la corporation ont déjà commencé à tirer d'importants avantages.

L'association est composée de deux groupes : groupe des patrons et des employés, et groupe des ouvriers; les personnes de l'un et l'autre sexe sont également admises dans l'un et l'autre groupe. La corporation s'assure, en outre, le concours de souscripteurs et bienfaiteurs qui, sans faire partie de l'association, sont disposés à l'aider en lui apportant, avec leurs souscriptions, l'appui de leur lumière, de leur influence et de leurs services. Ces personnes qui peuvent concourir, dans la mesure autorisée par la législation, à l'administration des institutions économiques établies en faveur des associés, forment un *Comité protecteur de la corporation*, lequel, en cas de désaccord dans la délibération des deux groupes corporatifs, est appelé à les concilier, et, au besoin, à les départager.

L'administration disciplinaire et économique du syndicat est confiée, en effet, à un conseil syndical où le groupe des ouvriers et celui des patrons sont représentés et jouissent d'une part égale d'influence, et, dans les délibérations, les suffrages sont toujours appréciés *par groupe*, quel que soit le nombre des membres qui le composent.

Chaque établissement industriel, relié à la Corporation par un nombre d'adhésions reconnu suffisant, est appelé à élire lui-même un syndic patron et un syndic ouvrier, chargés de le représenter au conseil syndical. La durée des fonctions de chaque syndic est de trois ans. Les syndics sortants sont toujours rééligibles.

Les élections ont lieu, soit dans chaque maison industrielle reliée à la corporation, soit à une assemblée générale pour les membres répartis dans diverses maisons étrangères à la corporation. Elles se font par groupes, à la majorité des voix, sur une liste agréée par le Conseil syndical et présentant un nombre de candidats au moins double du nombre de syndics à élire.

Le bureau, organe exécutif du Conseil, est composé

de six dignitaires, dont le président nécessairement patron, et un vice-président nécessairement ouvrier.

Les principales attributions du Conseil et du bureau sont :

1° L'admission et l'exclusion des membres actifs ou participants ;

2° La constatation de la capacité professionnelle, et la concession faite, à l'occasion, du diplôme attestant cette capacité ;

3° L'organisation et la haute surveillance des institutions diverses établies en faveur des membres de l'association ;

4° L'arbitrage, en cas de conflits professionnels entre patrons, ouvriers et apprentis, avant tout recours soit au comité protecteur, soit à un tribunal extérieur ;

5° L'adoption de toutes les mesures concernant l'observation des statuts et coutumes, consacrés dans l'association ;

6° L'étude pratique de toutes les questions relatives à la fin poursuivie par la Corporation ;

7° Le vote et le contrôle des recettes et des dépenses.

Le Conseil se réunit régulièrement chaque mois ; les membres sont convoqués, au moins tous les trois mois, en assemblée générale ; tous les ans, une assemblée plénière plus solennelle, et obligatoire pour tous les membres, est tenue à l'occasion de la fête patronale.

La plupart des maisons associées ont adopté, en outre, un règlement intérieur d'usine aux termes duquel, pour mettre plus complètement en rapport tout le personnel de ces maisons, on y institue deux conseils corporatifs, l'un pour les ouvriers, l'autre pour les ouvrières. Les deux conseils ont les mêmes attributions : ils servent d'intermédiaires entre les patrons et leur personnel, soit pour les communications à faire par les patrons, soit pour les propositions à leur transmettre.

Chaque conseil corporatif comprend tous ceux qui, dans les ateliers et magasins, sont investis à un degré quelconque d'une part d'autorité, et, d'autre part, des conseillers ou conseillères élus à raison d'un membre par chaque groupe bien déterminé d'ouvriers et d'ouvrières de la maison. Ces conseillers ou conseillères sont élus pour une année par leurs camarades, membres de la Corporation ; ils sont rééligibles.

Pour être éligible, il faut : 1° faire partie de la Corporation de Saint-Nicolas; 2° justifier d'un certain nombre d'années de service dans la maison (10 ans à la maison Ph. Vrau et Cie).

Pour être élu, il faut réunir au moins la moitié des voix des personnes admises à voter. Au deuxième tour de scrutin, les suffrages ne peuvent se porter que sur les trois membres qui ont réuni le plus grand nombre de voix, et le vote est acquis à la simple majorité des voix.

La Corporation de Saint-Nicolas comptait, au 9 mai
1895, c'est-à-dire au bout de dix ans d'existence, 1,230
membres vraiment effectifs, à en juger par l'exactitude
apportée chaque mois dans le paiement de la cotisation
volontaire.

Ce nombre était ainsi réparti :

Groupe des patrons.	27	
— des employés. . . .	47	1,230 membres.
— des ouvriers	301	
— des ouvrières. . . .	855	

Les uns et les autres sont distribués principalement
dans six établissements industriels de Lille, à raison de
50 au moins et de 459 au plus (c'est-à-dire la presque
totalité de la maison Ph. Vrau et Cie). Le surplus des
membres est disséminé dans quatorze autres maisons
de la ville.

Le Conseil syndical est constitué, en conséquence,
par six syndics patrons, employés et ouvriers pour les
six maisons adhérentes, plus un syndic ouvrier représentant les membres disséminés dans les établissements
non reliés à la corporation.

Le patrimoine corporatif est la fortune commune et
inaliénable. Alimentée par les cotisations de tous les
membres, grossie par des libéralités généreuses, la
caisse de la Corporation est destinée à faire face aux
charges communes et à subvenir aux besoins des diverses institutions économiques de l'association.

Les cotisations des membres adhérents sont fixées ainsi qu'il suit :

Pour les protecteurs. . . . . 20 fr. par an.

Pour les membres patrons. 10 fr. —

Pour les membres ouvriers. 3 fr. —

Plus un droit d'inscription de 50 centimes.

La cotisation des ouvrières est réduite à 15 centimes par mois.

En 1895, le budget s'établissait ainsi :

L'avoir était, au 9 mai 1894, de . . . . 34,667^f 29 $\Bigg\}$ 39,579^f 26

Le total des recettes s'était élevé, au cours de 1894-95, à 4,911 97

Le total des dépenses à. 1,890 60

L'avoir, au 9 mai 1895, se trouvait donc de. . . . . 37.688^f 66

présentant un accroissement de plus de 3,000 fr.

Les recettes se répartissaient de la façon suivante :

Cotisations et souscriptions des patrons. 1,170^f »

Cotisations des ouvriers. 2,579 25

Coupons et intérêts. 1,162 72

Les institutions économiques créées par la Corporation et auxquelles ses membres peuvent participer, sont les suivantes :

1° *Un économat domestique* favorise les achats au comptant, moyennant escompte, suivant des conventions passées avec des fournisseurs privilégiés. Quelques denrées sont même livrées directement par les maisons affiliées au prix de revient du gros : pain, pommes de terre, café, charbon.

En 1894-95, par exemple, trois maisons adhérentes ont débité 885,125 kil. de charbon à 0 fr. 93 c. les 50 kil. pris en magasin et 1 fr. 05 portés à domicile.

2° Une *Société de secours mutuels* établie, sous certaines conditions d'âge et de validité, pour toutes les personnes de l'un et l'autre sexe appartenant à l'une des corporations chrétiennes fondées à Lille sous les titres de Saint-Nicolas, Saint-Crépin, Saint-Éloi, Sainte-Barbe, Sainte-Marie-Madeleine, et distribuée en sections correspondant aux diverses corporations, possède une organisation commune pour le service médical et pharmaceutique.

Le montant de la cotisation est de 0 fr. 20 cent. par semaine pour les femmes comme pour les hommes ; l'indemnité assurée en cas de maladie est de 1 fr. par jour également pour tous. Une indemnité de 6 fr. est accordée aux femmes mariées à l'occasion des couches. En cas de décès, une indemnité dont le minimum est de 20 fr. et qui varie avec l'ancienneté dans la société, est versée à la famille.

Depuis 1893, la Corporation a, d'ailleurs, pris à sa charge toutes les dépenses causées par les soins à don-

ner aux femmes en couches, et la plupart des frais de funérailles de ses membres : lettres de part, avis, drap mortuaire, service, etc.

Pour 1894-1895, la section de secours mutuels de la corporation Saint-Nicolas a compté 280 membres. Son bilan s'est établi ainsi qu'il suit :

L'avoir, au 1ᵉʳ avril 1894, était
de. . . . .   598ᶠ 05 } 4,376ᶠ 05
Le total des recettes en coti-
sations et dons s'est élevé à. .   3,777 40

Le total des dépenses à 4,202 20

L'avoir, au 1ᵉʳ avril, était de 173ᶠ 85

3° *Une caisse d'assistance*, fondée dès l'origine de la Corporation, a pour but de suppléer et de compléter les services rendus par la société de secours mutuels ; elle est, en effet, exclusivement réservée aux membres de la corporation, incapables, vu leur âge ou leur état de santé, d'être admis ou de demeurer dans cette société.

Moyennant 10 centimes de cotisation par semaine, elle assure :

1° 75 centimes d'indemnité de travail pendant trois mois ; 25 centimes pendant trois autres mois ; des indemnités moindres se prolongeant indéfiniment après et dont l'importance est variable selon le nombre d'années que le sociétaire, devenu infirme, a passées à l'état de validité dans la corporation ; 2° le prix réduit des médicaments achetés chez les pharmaciens de la société de secours mutuels.

4° *Une caisse d'épargne* fonctionne aussi dans la Corporation.

Les versements peuvent n'être que de 25 centimes ; l'intérêt est calculé à 4 0/0. Cette œuvre est complétée par une institution de *prêts gratuits* établie dans la plupart des maisons affiliées.

En 1891, dans une des maisons unies, 183 livrets avaient été demandés, et 4,021 fr. 50 déposés.

5° Le *Bulletin* hebdomadaire des Corporations lilloises, *le Dimanche*, est le moniteur officiel, le nouvelliste populaire et social qui met en rapport les membres des divers syndicats.

Enfin, quelques privilèges sont réservés aux membres de la confrérie dont l'accession n'est nullement obligatoire; ce sont : la fondation Saint-Nicolas qui distribue des *dots d'honneur* aux jeunes gens et jeunes filles lors de leur mariage. En 1894-1895, 1,040 francs ont été répartis en 16 dots. Une autre fondation accorde des *primes* et *gratifications* aux célibataires méritants. Une *œuvre des conscrits* fait participer, par des secours pécuniaires, aux avantages de la Corporation, les associés retenus sous les drapeaux.

Ces diverses fondations ont leur patrimoine propre.

En total, la Corporation Saint-Nicolas possédait, le 9 mai 1895, en groupant toutes ses œuvres et institutions, excepté les deux comptes séparés de la société

de secours mutuels et de la caisse d'assistance, un avoir
de 48,488 fr. 66.

C'est là une réserve importante qui est le gage, pour
l'avenir, de nouveaux progrès et de nouvelles tentatives d'amélioration du sort des syndiqués.

Mais la plus belle œuvre de la corporation Saint-Nicolas, c'est d'avoir suscité l'éclosion des syndicats mixtes de Tourcoing et de Roubaix auxquels elle a servi
de modèle.

Le *Syndicat de l'industrie tourquenoise* a pris naissance en 1888. A l'origine, il comptait 1,064 membres ;
il en compte actuellement plus de 1,900.

Le *Syndicat de l'industrie roubaisienne* date du
1er février 1889. En 6 ans (1895), le nombre des adhérents s'est élevé à 3,060 (1) (20 patrons, 86 employés,
2,954 ouvriers).

Les statuts et règlements intérieurs des deux associations sont à peu près identiques, et la marche suivie,
les œuvres entreprises ont été presque les mêmes.

Ces syndicats sont formés entre patrons et employés
d'une part et ouvriers de l'autre, tous appartenant, à des
titres divers, à l'industrie textile : peignage, filature,

(1) Les ouvriers des usines syndiquées sont au nombre de
12,500 ; il n'y a parmi eux que 1,260 syndiqués. Ces chiffres prouvent surabondamment que nul n'est forcé d'entrer dans le syndicat, et que les bienfaits de l'Association mixte sont compris et
appréciés mieux encore, peut-être, hors des maisons affiliées que
par leur personnel.

tissage, teinture et apprêts, ou au négoce en tissus et en matières premières, ou à toute autre industrie ou profession connexe et similaire.

Leur but est d'assurer une union cordiale entre leurs membres, en associant leurs efforts pour l'étude et la sauvegarde des intérêts moraux, professionnels, économiques du groupe entier, et plus spécialement des membres ouvriers.

Les femmes sont admises à faire partie du syndicat, mais avec cette restriction qu'elles ne peuvent participer à l'administration, ni assister aux assemblées générales.

Le syndicat fondé dans la ville de Tourcoing et ses cantons groupe 15 usines comprenant :

2 peignages, filatures de laine et tissages ;

1 filature de laine et tissage ;

5 filatures de laine ;

1 tissage ;

6 filatures de coton.

Le syndicat créé pour Roubaix et les cantons, réunit 20 maisons adhérentes.

Le conseil syndical est composé d'un syndic patron, d'un syndic employé et d'un syndic ouvrier, plus un syndic suppléant de chaque catégorie, par usine ou maison de commerce associée. — Le syndic ouvrier et son suppléant sont élus par les dizainiers de leur groupe d'usine. — La présidence du conseil appartient de droit à un patron. En cas de partage, la voix du président est prépondérante.

Cette dernière disposition paraît moins heureuse que celle qui, dans la corporation Saint-Nicolas, assure le vote par groupes et soumet, en cas de désaccord entre les groupes, la décision à un comité protecteur pris comme arbitre départageur.

Le mandat de syndic a une durée de cinq ans. Les nominations au bureau sont valables pour le même laps de temps. Les dignitaires sortants sont toujours rééligibles.

Le bureau se réunit régulièrement toutes les six semaines, plus souvent si c'est utile ; le conseil, tous les trois mois ; l'assemblée générale des syndiqués, tous les ans. Cette réunion est obligatoire. Il y est rendu compte par le conseil de sa gestion.

Toute motion ou proposition à faire en assemblée générale, doit être déposée vingt jours au moins avant cette assemblée, entre les mains du président qui décide, après avoir pris l'avis du bureau, s'il y a lieu ou non de la porter à l'ordre du jour. — Peuvent seules être soumises à l'assemblée générale les questions qui sont portées à cet ordre du jour.

Le syndicat ne peut être dissous que si les trois quarts de ses membres patrons, ou les trois quarts de ses membres ouvriers en formulent la demande.

En cas de dissolution, la part de la caisse provenant des apports des ouvriers et des employés sera versée par le conseil, au profit des membres ouvriers et employés et au prorata de leurs versements personnels, à la Caisse des retraites de l'État, capital réservé. La part provenant des cotisations des patrons sera versée, par le conseil, à telles institutions charitables que les patrons désigneront.

Le patrimoine syndical est alimenté par les cotisations et les dons des membres du syndicat et des souscripteurs honoraires.

Les cotisations sont ainsi fixées :

1° Pour les ouvriers, 10 centimes par mois.

2° Pour les patrons : *a*) 10 centimes par mois et par chacun de leurs ouvriers faisant partie du syndicat ; *b*) une cotisation fixe et par maison, de 25 fr. par an pour les patrons occupant moins de 50 ouvriers ; de 50 fr. pour les patrons occupant de 50 à 100 ouvriers ; de 100 fr. pour ceux occupant plus de 100 ouvriers.

3° Pour les employés, 2 fr. par an.

Dans le cours de l'exercice 1895-96, les recettes du syndicat de Roubaix se sont élevées à 11,448 fr., et les dépenses à 9,481 fr. 95.

Le bilan du syndicat de Tourcoing pour 1895 s'établissait comme suit :

Avoir au 1er janvier 1893 . . . .   3,257f 45

RECETTES

Cotisations des ouvriers. .	1,696f 10	
— patronales . . .	2,706 30	9,654 25
Souscriptions et dons. . . .	5,185 »	
Intérêts	66 85	

Total *à reporter*. 12,911f 70

Report. 12,911ᶠ 70

DÉPENSES

Frais de funérailles.	368ᶠ 40	
Aux naissances.	2,340 »	
Mariages	1,450 »	
Familles de 5 enfants. . . .	2,760 »	10,059 25
Rentes viagères.	765 80	
Frais de gérance, location,		
imprimés, etc.	2,375 05	

Reste en avoir au 1ᵉʳ janvier 1894.   2,852ᶠ 45

Voici comment s'attribuent les donations :

Mariage. — Lors du mariage, une pièce de ménage de la valeur de 50 fr.

Naissance. — 10 fr. à la naissance du 2ᵉ enfant si le premier est vivant. — 15 fr. à la naissance du 3ᵉ enfant si les deux premiers sont vivants. — 20 fr. à la naissance de tout autre enfant, si la famille se compose au moins de 3 enfants vivants. Il faut faire partie du syndicat depuis deux ans au moins.

Famille nombreuse. — 5 fr. sont alloués chaque mois : aux membres faisant partie du syndicat depuis deux ans et ayant 5 enfants vivants dont l'aîné n'a pas 13 ans ; aux membres faisant partie du syndicat depuis deux ans, veufs et ayant 4 enfants dont l'aîné n'a pas 13 ans ; aux veuves dont les maris auront fait partie du syndicat pendant un an et ayant 4 enfants dont l'aîné n'a pas 12 ans.

Vieillesse. — Il est accordé à une quantité déterminée d'ouvriers âgés, membres du syndicat depuis deux
ans, qui ne pourraient plus travailler dans les usines,
une rente viagère de 200 fr. par an, et pour les ouvriers
ayant au moins 70 ans et ne pouvant plus se livrer à
un travail régulier, une rente viagère de 100 fr. par an.

Les *œuvres d'usines* sont nombreuses et variées
dans les deux syndicats.

Il importe notamment de signaler une organisation
de *prêt gratuit* établie à Roubaix dans l'usine de
MM. Louis Cordonnier et Léon Scrépel, et très diffé-
rente de celles pratiquées dans les maisons adhérentes
à la corporation Saint-Nicolas.

M. Louis Cordonnier estime qu'en principe le patron ne peut pas prêter lui-même à ses ouvriers : ce
serait pour lui l'inévitable faillite. Les ouvriers, au
contraire, peuvent très avantageusement se prêter
entre eux. Ils se connaissent, ne prêtent qu'à bon escient,
peuvent réclamer le remboursement des sommes avan-
cées. Le patron se borne à les aider de ses conseils
lorsqu'ils lui sont demandés, et à coopérer, pour sa
part, aux ressources de l'œuvre. Les ouvriers ont seuls
la direction de la société, et, pour y être admis, il faut :
1° être chef de famille ; 2° faire partie du syndicat
mixte ; 3° être entré à l'usine depuis six mois au moins ;
4° être agréé par le Conseil d'administration qui se
montre difficile.

La cotisation des membres participants est de 2 fr.

par mois. Les patrons de l'établissement abandonnent à la société le monopole, et par conséquent le bénéfice et la vente des coupons.

Indépendamment de ces œuvres d'usine, les syndicats de Tourcoing et Roubaix ont aussi leurs œuvres d'usage commun à tous leurs associés. Ces œuvres reposent sur le libre accord des participants, et elles puisent, dans leur nature même, le caractère obligatoire de convention mutuelle. Il suffit d'être dans l'un des cas prévus par le règlement de l'association, pour avoir droit à une somme déterminée.

Telles sont les *sociétés de secours mutuels* des deux syndicats. — La *Société Saint-Louis*, fondée à Tourcoing depuis 1889, comprenait, en janvier dernier, 800 membres. La caisse alimentée dans une proportion de $\frac{3}{8}$ par les patrons, et de $\frac{5}{8}$ par les ouvriers, avait alors distribué en secours aux malades plus de 42,000 francs et payé plus de 8,000 francs de frais de médecins et 10,000 fr. de remèdes. Ensemble : environ 60,000 fr.

La *Société Saint-Joseph*, de Roubaix, date aussi de 1889. Elle compte plus de 900 membres. Cette année, elle avait distribué en secours aux malades 61,472 fr. 30 et payé en honoraires de médecins 12,720 fr. Au total : 74,192 fr. 30. Elle ne donne pas les médicaments gratuits, mais obtient un rabais des pharmaciens pour ses adhérents.

Son bilan, au 1ᵉʳ janvier 1895, était le suivant : (la participation patronale est de 40 0/0) :

RECETTES

Cotisations patronales . . .	3,858ᶠ 70	
— ouvrières. . . .	6,605 05	
— d'un membre		10,661ᶠ »
honoraire	10 »	
Reliquat de 1893.	187 25	

DÉPENSES

Secours aux malades. . . .	7,677ᶠ »	
Honoraires de médecins. .	1,620 »	9,312 90
Frais divers.	15 90	

Restait en caisse au 1ᵉʳ janvier 1895. · 1,348ᶠ 10

La Société Saint-Joseph a été autorisée par arrêté préfectoral du 28 août 1895.

Une heureuse innovation du syndicat mixte de Roubaix, a été la création d'une *société de secours mutuels pour les femmes*.

Cette société a commencé à fonctionner en novembre 1890.

Deux mois après sa formation, elle comptait 492 membres; et à la fin de 1895 elle en groupait 688 répartis dans 17 usines.

Elle assure à ses adhérentes :

1° En cas de maladie, les soins du médecin ;

2° Un secours de 9 fr. par semaine de travail pendant les trois premiers mois de maladie, et de 6 fr. les trois mois suivants ;

3° Un secours de 20 fr. aux femmes mariées, en cas d'accouchement ;

4° Enfin, quand les ressources le permettront, la distribution de l'excédent de recettes en secours extraordinaires aux orphelines et aux sociétaires atteintes de maladies chroniques, celles-ci n'ayant pas droit aux secours réguliers de la société. (Est considérée comme chronique la maladie qui nécessite, en 12 mois, plus de six mois de secours.)

Pour faire face à tous ces avantages, les adhérentes, ouvrières et patronnes, ne versaient au début que 10 centimes par semaine. Les deux premiers exercices s'étant clôturés par des déficits considérables, les cotisations furent reconnues insuffisantes, et l'on proposa aux sociétaires de les porter à 15 centimes, ou de supprimer le secours d'accouchement et diminuer les secours de maladie. Par 398 voix contre 60, les sociétaires se prononcèrent pour l'augmentation des cotisations et le maintien de tous les avantages précédemment spécifiés : c'est là un bel exemple de solidarité.

Le budget de 1894 se décomposait comme suit :

RECETTES

Cotisations ouvrières. . . .	4,827^f 05	8,341^f 40
— patronales . . .	3,514 05	

A reporter.	8,341^f 40

Report. . . . . 8,341^f 40

DÉPENSES

Secours de maladie. . . . . 4,699^f 70

— d'accouchement . . 600 »

Honoraires de médecin. . . 1,214 »

Frais divers. 98 80

6,612 50

L'excédent des recettes était au 1er janvier 1895 de . . . . 1,728^f 90

A côté de la société de secours mutuels, les syndicats de Tourcoing et Roubaix ont monté des *sociétés de consommation* qui procurent à leurs adhérents de sérieuses économies. Les deux associations pratiquent concurremment le système des fournisseurs privilégiés. La *Société Saint-Martin* de Roubaix comptait, en avril 1895, 840 inscrits. Elle a réalisé, en 1895-1896, plus de 3,000 francs de ristourne à répartir entre les sociétaires au prorata de leurs achats. Elle a livré 23 couvertures couvre-pieds, etc. (1), 534,675 kilos et 2.548 hectolitres (2) de charbon, avec bénéfice de 15 à 20 %.

Des *conférences* scientifiques, sociales et professionnelles ont été organisées ces années dernières, dans les deux syndicats, par les sections ouvrières et d'employés.

(1) 73 en 1891-92 ; 268 en 1892-93 ; 114 en 1893-94 ; 88 en 1894-95.

(2) L'hectolitre pèse 80 kil. Achètent par hectol. les gens qui ont le moins d'avance.

Le syndicat de Roubaix a constitué aussi un *cercle syndical*, avec tous ses attraits et avantages, une *bibliothèque*, une *société chorale* et *dramatique*, une *caisse de retraites* pour les syndiqués employés.

Quand nous aurons ajouté qu'il a décidé la création d'une *école professionnelle*, dite Institut technique, avec bourses pour les fils d'employés et d'ouvriers syndiqués ; mis à l'étude l'établissement d'une *caisse d'épargne*, d'*écoles ménagères*, de *cours de coupe et de couture*, d'une *caisse d'assurance sur la vie*, et, enfin, arrêté les bases d'une *caisse de retraites* pour les ouvriers travaillant dans les usines syndiquées, il ne nous restera plus qu'à parler de deux fondations annexes des plus importantes et qui méritent de retenir plus longtemps l'attention.

La première est celle de la *boulangerie coopérative* l'*Union*, montée à Roubaix en 1892 et qui, en 1894, représentait une valeur en matériel, immeubles et approvisionnements, de plus de 100,000 fr. Le syndicat de Tourcoing n'avait pas eu à prendre l'initiative d'une œuvre semblable, ayant à sa disposition une boulangerie coopérative, *la Mutualité*, qui existait déjà depuis longtemps et pouvait rendre à ses membres les mêmes services. — L'*Union* dispose des instruments de fabrication et des fours les plus perfectionnés, que ses organisateurs sont allés étudier sur place — notamment au fameux Vooruit de Gand ; — elle est à même de cuire 70,000 pains par semaine, ce qui la place au premier

rang de toutes les boulangeries de la région... Avant sa
fondation, le pain était vendu, à Roubaix, de 58 à 60
centimes (les 3 ou 4 livres, suivant qualité) par les
boulangeries du commerce, et de 48 à 50 centimes par
les coopératives. L'*Union* vend ses pains 50 centimes,
et, depuis sa fondation, elle a distribué 10 cent. de
ristourne par jeton d'achat, ce qui réduit le prix de ses
pains à 40 cent. L'économie, pour un ménage qui
s'adresse à elle, est donc de 33 0/0. L'économie totale
pour la clientèle s'est élevée à plus de 600,000 fr. Ces
avantages, toute la population ouvrière peut y participer : l'Union a plus de 5,000 clients, et c'est là un
excellent moyen pour le syndicat mixte de substituer
sa bienfaisante influence à celle d'autres sociétés dangereuses, notamment à la société socialiste *La Paix*, qui
auparavant étaient sans concurrentes. Une heureuse innovation consiste en ce que le versement des ressources
est effectué entre les mains de la femme de ménage, et
non de l'homme qui serait tenté de les boire.

Enfin, les Syndicats qui avaient pourvu à l'épargne ;
aux secours en cas de maladie, accidents, vieillesse ;
à la nourriture à bon marché pour leurs membres,
devaient être amenés aussi à s'occuper de leur logement.

A Tourcoing, Roubaix, moins qu'à Lille peut-être,
mais encore dans une trop large mesure, les logements
ouvriers présentent toutes sortes d'inconvénients et de
défectuosités au point de vue de l'hygiène, de la propreté, de l'aération et aussi de la morale. La plupart

des maisons des cités ouvrières sont groupées autour
d'une *courée*, ne recevant la lumière que d'un seul
côté et n'ayant pas de cabinets d'aisance particuliers.
La ménagère doit prendre l'eau au puits commun à
toute la courée, et faire sécher son linge devant sa
maison, sous l'inspection de tous ses voisins.

Les maisons saines, ayant front à rue et cour particulière, sont d'un prix beaucoup plus élevé. Les jardins
sont rares et ne se trouvent que dans les quartiers
excentriques.

Il y avait lieu de remédier à cet état de choses.

D'un autre côté, les directeurs des syndicats cher-
chaient, depuis longtemps, un emploi sûr et rémunérateur à la fois de l'épargne des associés. Il leur sembla
que la construction d'*habitations ouvrières* pouvait se
doubler utilement d'une *œuvre de placement de l'épargne ouvrière*.

Mais la loi de 1884 interdit aux syndicats de posséder
des immeubles en dehors de ceux nécessaires à quelques
affectations strictement limitées. Il fallait tourner cette
disposition gênante : on constitua donc, à Tourcoing,
une *société civile immobilière* indépendante, dont les
statuts répondirent à tous les desiderata.

On décida de construire des maisons réalisant toutes
les conditions d'hygiène morale et physique, ayant
toutes entrée, cour et jardin indépendants, cabinets
d'aisance particuliers, chambres vastes, bien éclairées
et aérées et en nombre suffisant.

En établissant ces maisons le plus économiquement possible, et en fixant à 4 % leur taux de capitalisation, on pouvait avoir des habitations très convenables et d'un prix de location très abordable. Le taux de capitalisation adopté, quoique très inférieur aux intérêts retirés couramment par les propriétaires d'immeubles urbains, était encore suffisant pour tenter l'épargne ouvrière et lui procurer un rendement plus rémunérateur que les dépôts à la caisse d'épargne, et plus sûr que les placements industriels.

Il fut donc décidé que des obligations seraient émises, et que toutes les précautions seraient prises pour qu'elles ne pussent être souscrites que par les ouvriers seuls.

Les obligations sont de 100 francs seulement; elles rapportent 4 francs par an, nets d'impôts et payables en une fois, pour que les plus simples comprennent bien que c'est un rapport de 4 %.

Elles sont nominatives, pour que leurs propriétaires s'en dessaisissent moins facilement, et pour que la société sache si elles restent bien aux mains des ouvriers.

La société se réserve le droit de rembourser au pair, en cas de vente ou de dation en gage, pour empêcher les obligations de passer aux mains des capitalistes, et aussi pour rendre impossible toute spéculation sur les titres.

Afin de répartir les obligations dans le plus de mains

possible, lors des émissions, et lorsque le nombre des
obligations souscrites dépasse le nombre des obligations
offertes, ce qui est toujours arrivé, la répartition se fait
ainsi : une obligation à tous les souscripteurs ; une
seconde obligation à tous ceux qui en ont souscrit plus
d'une ; une troisième à tous ceux qui en ont souscrit
plus de deux ; et ainsi de suite. Ce mode de répartition
renseigne, en outre, très exactement sur le succès des
emprunts, le souscripteur n'ayant aucun intérêt à en
demander plus qu'il n'en désire.

Pour assurer à ces obligations une solidité et une
stabilité de valeur absolue, la société s'est engagée
formellement à ce que le montant total des obligations
ne dépasserait jamais la moitié du prix coûtant des
immeubles. Le *capital-obligations* ne peut donc jamais
être supérieur au capital versé par les associés.

De plus, chaque obligation est remboursable au bout
de chaque période de cinq ans, avec prévenance réciproque de six mois à l'avance.

L'obligataire se trouve donc en possession d'un titre
gagé par une valeur double et remboursable au plus
tard dans cinq ans. Son titre vaut donc sa valeur nomi-
nale ; pas plus, puisque dans un délai si rapproché on
peut le lui rembourser ; pas moins, puisqu'il peut, dans
le même délai, en exiger le remboursement. Aucun
agiotage n'est possible sur un tel titre.

Quant à la société, ayant divisé par cinquièmes les
époques de remboursement, et possédant une valeur

double du montant des obligations, elle ne peut avoir à rembourser à la fois plus du dixième du prix coûtant de ses immeubles, et, pour réaliser ce dixième, elle a six mois.

Les membres du syndicat de l'industrie tourquenoise ont la préférence pour les locations des maisons et pour la souscription des obligations. Actuellement, un ouvrier syndiqué peut parvenir à égaliser les intérêts qu'il touche avec le loyer qu'il paie, s'il arrive à économiser une valeur équivalente à la valeur de la maison qu'il occupe ; autrefois il n'en allait pas ainsi.

En effet, les propriétaires de maisons ouvrières calculent d'ordinaire le loyer qu'ils exigent sur le taux de 5 à 6 % de la valeur de l'appartement occupé. D'autre part, le travailleur ne trouve guère un placement sérieux de son épargne au-dessus de 3 1/2 %. En supposant, d'après ces données, que les épargnes d'un ouvrier se montent à 4,000 francs : à 3 1/2 %, il touchera annuellement un intérêt de 140 francs ; en revanche, il paiera à son propriétaire pour le loyer d'une maison de 4,000 francs, calculé au taux de capitalisation 6 %, une somme de 240 francs ; ce qui donne un écart de 100 francs.

Si, au contraire, un ouvrier du syndicat mixte de Tourcoing, ayant épargné cette même somme de 4,000 francs, occupait une des maisons de la société immobilière représentant aussi une valeur de 4,000 francs, l'intérêt à 4 % qu'il toucherait étant égal au

prix de son loyer, calculé au même taux de capitalisation 4 %, le revenu de ses obligations lui suffirait
pour se loger, sans rien y ajouter.

Mais l'ouvrier qui a ainsi économisé la valeur de la
maison qu'il habite, pourra-t-il en devenir propriétaire
exclusif et définitif ?

On n'avait pas envisagé cette hypothèse lors de la
création de la société, car nos règles successorales
intangibles rendaient alors la conservation de la propriété immobilière presque impossible, dans les familles de modeste aisance. Mais aujourd'hui que la
récente loi sur les habitations à bon marché est venue
corriger dans une certaine mesure les aberrations du
Code, dans le but de favoriser la stabilité du foyer
domestique ouvrier, il importe que le syndicat complète
son œuvre en facilitant à ses sociétaires l'appropriation
de la maison qu'ils habitent. Cela ne saurait avoir que
des avantages (1) si l'on pare à l'avance, par de pru-
dentes réserves du droit de préemption, aux ennuis qui
pourraient résulter pour la société du transfert de la
propriété des maisons ouvrières à des personnes dont la

---

(1) Les avis sont cependant très partagés sur ce point particulier, et beaucoup de spécialistes voient plus d'inconvénients que
d'avantages à l'immobilisation de l'épargne ouvrière. Le comité
des employés et le comité des ouvriers du syndicat de Roubaix se
sont récemment déclarés favorables à l'acquisition de la maison
par celui qui l'habite.

manière d'en user ne cadrerait pas avec les principes
de l'institution.

La Société immobilière de Tourcoing, fondée en mai
1891, possède actuellement des immeubles pour plus
de 200,000 francs, dont 90,000 francs fournis par les
ouvriers obligataires. Ses maisons, de deux types, sont
louées 20 et 16 francs par mois.

La *Société immobilière de Roubaix* est plus récente ;
elle dépend de la même administration que la boulangerie l'*Union ;* l'initiative des constructions appartient
aux ouvriers faisant partie du syndicat de l'industrie
roubaisienne et dont les syndics (auxquels se joignent
leurs suppléants et les vice-présidents de sections de la
société de secours-mutuels) sont constitués en *Comité
d'études sociales :* nous aurons à reparler plus loin du
rôle très important de ce Comité. — Toutes les études
préparatoires furent faites par ses membres, lesquels
demandèrent la formation, au sein du syndicat, d'une
Commission spéciale des habitations ouvrières. Celle-
ci fut composée de quatre ouvriers, deux employés et
deux patrons.

Un terrain de mille mètres carrés fut donné généreusement par un industriel syndiqué. Les plans adoptés sont assez analogues à ceux de Tourcoing. Le jardin, faute d'espace, est moins étendu ; il suffit à l'approvisionnement en légumes d'un ménage (moins les
pommes de terre). En revanche, l'entrée en façade
comporte une avant-cour avec grille et arbustes qui

donnent aux maisons de la cité, l'apparence de gais et élégants *cottages*. Le prix de location est de 14 fr. 50 par mois.

L'été dernier (1895), tous les appartements étaient occupés ; il y régnait un air d'aisance, d'ordre et de propreté qui faisait plaisir à voir, et dont les habitants paraissaient tout fiers.

Le rez-de-chaussée consiste en : 1° une salle indépendante du couloir et communiquant avec la salle de famille, sorte de petit salon ; 2° la salle de famille ; 3° la cuisine ; 4° une petite cave pour les provisions ; 5° une réserve à charbon ; 6° un water-closet ; 7° une citerne, dans l'avant-cour spéciale à chaque maison, pour les eaux pluviales.

Au premier étage, trois chambres à coucher et, au-dessus, un grenier. Le gaz est installé partout.

Il a été bâti déjà pour une somme totale de 235,000 francs, dont 75,000 francs versés par les ouvriers souscripteurs d'obligations privilégiées.

Telles sont les institutions remarquables des deux syndicats mixtes de Tourcoing et Roubaix ; leur avenir ne saurait inspirer d'inquiétude : le dévouement et l'intelligence de leurs organisateurs sont un sûr garant de leur développement continu et progressif.

Le *Syndicat professionnel de patrons et ouvriers de l'industrie fourmisienne* a été fondé dans la ville de Fourmies et le canton de Trélan, entre personnes appartenant, à des titres divers, à l'industrie de la laine, ou au négoce en tissus et en matières premières, ou à toute autre industrie et profession connexe ou similaire.

Il fonctionne comme les précédents. Il groupe sept maisons adhérentes. Les cotisations des associés sont de 50 centimes par mois, pour les ouvriers ; et pour les patrons, 50 centimes aussi par mois et par chacun de leurs ouvriers syndiqués. Pour les employés, 12 francs par an. Entre autres œuvres économiques, le syndicat de Fourmies a établi entre ses membres une *caisse des malades* et une *caisse d'épargne en partici-pation* — du type de la *Fourmi* — qui a pour but d'acquérir le plus grand nombre possible d'obligations à lots, garanties par l'État ou les villes, et dont le capi-tal et les intérêts sont partagés, ainsi que les lots, entre tous les associés au prorata du nombre de parts ver-sées par chacun d'eux.

Voilà quels ont été, en gros, depuis leur établissement, le fonctionnement et les œuvres des syndicats mixtes de la région du Nord de la France.

S'ils ne réalisent pas encore la perfection absolue de l'institution, et s'ils ne lui ont pas fait dire son dernier mot (1), du moins ils répondent aux principales condi-

---

(1) Fédérés en une puissante *Union régionale* des syndicats mixtes de l'industrie textile, ils augmenteraient considérablement leurs moyens d'action.

tions en dehors desquelles la vie d'un syndicat est toujours précaire et ses bons effets aléatoires : fixité dans la direction ; répartition des charges syndicales entre le plus grand nombre possible d'associés afin de les intéresser davantage à la gestion des affaires communes ; garantie qu'aucun de ces intérêts collectifs ne sera soustrait à la décision et au contrôle de l'ensemble des syndiqués.

Chacun des organes essentiels a bien rempli son rôle : les conseils d'usine sont intervenus heureusement pour aplanir et étouffer dans leur germe toutes les difficultés qui pouvaient entraver le bon accord des ateliers ; l'efficacité de ces chambres d'explication et de ces réunions des patrons et des ouvriers, dans un commun désir d'entente et de cordialité, s'est manifestée plus d'une fois, au milieu de circonstances diverses et même en pleine agitation gréviste.

Ces organismes primaires ont puisé, dans la fédération, la puissance indispensable pour entreprendre et mener à bien les grandes œuvres de solidarité à l'établissement desquelles tous les membres ont pris une part active et un intérêt puissant.

La preuve est donc faite. Et ce que les patrons et ouvriers du Nord ont pu réaliser dans leur région et dans leur industrie, chacun peut aussi bien, sinon mieux, l'exécuter dans sa sphère. Il suffit d'y mettre le dévouement et la peine.

Oui, cet ordre de choses est réalisable dans toute in-

dustrie, quelle que soit, d'ailleurs, la forme commerciale qu'elle revêle.

Les sociétés anonymes ne se désintéressent pas toutes
absolument du sort des salariés qui concourent à la
production de leurs dividendes. On en voit plus d'une
se préoccuper d'améliorer le sort de leurs employés et
établir d'excellentes institutions en leur faveur. Pourquoi les actionnaires ne délégueraient-ils pas aux
administrateurs le pouvoir de s'aboucher avec leurs
auxiliaires de la main-d'œuvre, et d'étudier, de concert avec eux, toutes les améliorations de leur condition que l'on décide habituellement sans prendre leur
avis ?

Mais, dira-t-on, de très nombreux patrons, de très
importantes compagnies ont déja fait autant et plus
pour leurs ouvriers que les syndicats mixtes. Il en est,
comme la Cie de Blanzy, par exemple, qui ont donné
satisfaction à presque toutes les revendications du
monde du travail et se sont efforcés de rendre la
vie de leurs ouvriers aussi confortable et sûre que
possible.

Je ne nierai certes pas les merveilles accomplies par le
patronage : le livre si instructif de M. Hubert Brice (1)
est là pour faire apprécier l'étendue et la variété des
œuvres qu'il réalise tous les jours. Quelque parfaites
qu'elles soient, elles n'auront jamais la valeur de

---

(1) Hubert BRICE, *Les institutions patronales.*

réformes étudiées, combinées, décidées avec le concours des intéressés eux-mêmes : c'est une affaire d'expérience ; on l'a dit, et surtout constaté bien des fois (1).

Cependant, certains critiques ne s'en sont pas tenus à la discrète objection à laquelle nous venons de répondre, et ont été jusqu'à contester formellement la valeur intrinsèque du syndicat mixte, dans la grande industrie. L'institution, selon eux, bien loin d'être irréprochable, ne vaudrait pas la peine d'être imitée : elle serait condamnée d'avance, mort-née, sans avenir.

Il est nécessaire de nous arrêter un moment aux objections principales de ces critiques, pour les prendre corps à corps et les réfuter.

---

(1) « Beaucoup de sociétés anonymes, dit M. Urbain Guérin *(Fileur en peigné,* p. 136), oublieuses d'abord de leur devoir vis-à-vis de leur personnel, ont créé ensuite des œuvres pour lesquelles elles se sont généreusement imposé de lourdes dépenses. Toutefois, l'efficacité de ces œuvres au point de vue de la paix sociale n'a pas été aussi grande que leurs promoteurs l'avaient peut-être cru. Les patrons et les ouvriers sont restés toujours séparés ; il n'y a plus là de rapports intimes, mais uniquement administratifs ; les rigueurs du règlement, dont l'application est trop souvent confiée exclusivement à des contre-maîtres, n'ont pas été adoucies ; et enfin beaucoup de sociétés n'ont pas admis l'ouvrier à la gestion des institutions dont ils bénéficient. Aujourd'hui, les ouvriers ne veulent plus être traités en enfants mineurs ; la bienveillance ne leur suffit pas, ils veulent que des droits leur soient reconnus. »

III

Quelques folliculaires improvisés économistes, et quelques politiciens intéressés se sont fait une arme, contre le syndicat mixte, du *caractère religieux* des corporations du Nord de la France. D'après eux, ces œuvres si vivaces et si profitables à leurs membres, même au seul point de vue matériel, ne seraient que de pieuses confréries, sans portée pratique, utiles tout au plus comme instruments de propagande confessionnelle. D'autres auteurs, exagérant en sens inverse, ont prétendu que le succès des institutions professionnelles que nous venons d'étudier, était dû exclusivement à ce même caractère religieux, en dehors duquel il ne fallait pas espérer fonder de solides et prospères associations de pacification sociale. — Les uns et les autres n'ont pas vu juste et ont conclu à faux.

Et d'abord, il n'est pas exact que les syndicats mixtes du Nord de la France aient, vis-à-vis de leurs associés, ces exigences rigoureuses de pratique religieuse et de stricte observance que l'on a prétendu exploiter contre eux ; et, pour bon nombre d'entre eux, la *confrérie*, loin de servir d'antichambre obligatoire à la *corporation*, n'est, au contraire, que la sélection d'une élite restreinte des syndiqués les plus anciens et les plus zélés. Quoi qu'il en soit, d'ailleurs, des garanties de

moralité et de religion exigées pour être admis dans
les corporations catholiques du Nord, et continuer à
en faire partie ; et s'il est indubitable que l'unité morale,
créée par la communauté des convictions et le respect
d'une religion toute de charité mutuelle, reste encore
la meilleure condition de prospérité et de durée pour
une association quelconque ; il est non moins certain
que le syndicat mixte peut s'établir, fonctionner et
prospérer, en dehors de toute exigence proprement religieuse et sur les bases de l'honnêteté et de l'esprit de
paix.

Théoriquement, la confrérie devrait rester complètement indépendante du syndicat mixte comme elle
l'était autrefois de la corporation, et il est à craindre,
en pratique, qu'aujourd'hui (les syndiqués du Nord le
reconnaissent volontiers) les exigences cultuelles écartent un grand nombre d'ouvriers honnêtes et — plus
encore peut-être — d'industriels. Cela ne veut pas dire
que les syndicats qui ont mis à la base de leurs consti-
tutions l'affirmation catholique, le regrettent et soient
disposés à y renoncer. Mais s'ils se fondaient à nouveau, rien ne dit qu'ils ne s'établiraient pas sur un terrain plus large : et, en tous cas, ils sont les premiers à
souhaiter qu'à côté d'eux se créent des institutions
similaires pouvant réunir ceux des éléments honnêtes
et pacifiques qui échappent à leurs groupements.

En définitive, la conclusion à tirer des faits et des
résultats pratiques, c'est que s'il a fallu des catholiques

pour oser tenter l'expérience d'une institution dont on s'exagérait les difficultés cependant réelles, tout ce que le monde industriel renferme d'individualités sérieuses et d'hommes sincèrement désireux de contribuer à la pacification sociale, peut et doit marcher aujourd'hui avec confiance dans la voie largement ouverte et éclairée par l'expérience.

On a fait aux syndicats mixtes existants un reproche plus grave, et l'on a nié purement et simplement l'efficacité de l'institution sous prétexte qu'elle était trop exclusivement *patronale*, et que c'était là, du reste, un vice inhérent à ce genre d'association, et, par conséquent, irrémédiable.

L'association mixte est à la rigueur possible, a-t-on dit, dans la petite industrie, dans les métiers, parce que patrons et ouvriers ont ici des intérêts presque identiques, et appartiennent, ou peu s'en faut, au même milieu social. Mais, dans la grande industrie, les intérêts du patronat et de la main-d'œuvre sont, au contraire, souvent contradictoires, et leurs représentants se trouvent séparés par un abîme au point de vue de l'éducation, de la fortune, de la situation individuelle. Réunir ces deux éléments côte à côte, face à face, c'est faire œuvre inutile, chimérique, plus dangereuse que bonne : ou l'ouvrier ne viendra pas ; ou il sera annihilé en présence de ses maîtres et s'en ira sans avoir osé rien dire, humilié et furieux.

Tout cela est erroné et démenti par les faits.

Les ouvriers sont venus en nombre au syndicat mixte et ils n'ont point été annihilés comme on le prétendait a priori. En effet, les patrons qui adhèrent à l'association mixte n'y viennent pas avec la prétention de signifier simplement leurs ordres à des subordonnés. Ceux qui adoptent dans la pratique quotidienne ces manières d'agir, trouvent préférable de ne pas sortir de leur domaine propre : l'usine, où ils sont maîtres et seigneurs. L'ouvrier devenu membre du syndicat puise, nous l'avons dit, dans sa qualité d'associé, la garantie de son indépendance de pensée et de son autonomie d'action : s'il peut avoir à l'atelier l'impression qu'il n'est qu'un numéro, au syndicat il sait qu'il compte pour une individualité.

C'est là d'ailleurs, pour le syndicat mixte, la condition essentielle de réussite et de succès : remarquez-vous que telle association mixte prospère plus qu'une autre, vous pouvez être certain que vous trouverez à la base une plus grande part d'initiative attribuée à tous les membres, et surtout aux membres ouvriers.

Ce qu'il importe d'établir, c'est qu'il n'y a là rien de contradictoire, tant s'en faut, avec le principe même de l'association mixte. Je voudrais, à cet effet, préciser par quelques exemples quels sont les moyens qui ont été reconnus, à l'usage, comme les plus pratiques pour assurer ce partage égal des initiatives et des responsabilités entre tous les associés.

Le principal grief que l'on invoque contre le syndicat mixte, avec conseil syndical unique comprenant les délégués des patrons et des ouvriers, c'est que les syndics ouvriers se trouveront toujours en état d'infériorité vis-à-vis des syndics patrons ; qu'ils n'oseront pas émettre leur avis, soutenir leur opinion jusqu'à la faire prévaloir ; et que, par conséquent, les patrons seront seuls à discuter et à décider.

Comment faire tomber cette objection spécieuse ?

Le syndicat de Roubaix — et d'autres ont suivi son exemple — a su complètement parer à l'inconvénient signalé. — Les syndics ouvriers et leurs suppléants ont été érigés en *Comité ouvrier d'études sociales* (1) ; à

(1) Les syndics employés et leurs suppléants sont formés aussi en comité distinct d'études sociales, dont les séances se tiennent à intervalles réguliers.

Voici ce que disait au sujet de ces comités le rapport d'ensemble lu à la dernière assemblée générale du syndicat (31 mai 1896) :

« Il y a aujourd'hui, dans le syndicat, trois comités d'études, délibérant séparément, sans parti-pris, sur toutes les questions qui leur sont soumises ou qu'il leur convient d'étudier.

C'est d'abord le comité ouvrier composé des syndics de chaque usine et de leurs suppléants, dont les observations pratiques ont amené d'importantes réformes.

C'est ensuite le comité des employés qui étudie de son côté, avec un soin, une compétence remarquables, soit les questions qu'il leur convient d'examiner, soit celles que leur renvoient les autres comités. Nous attendons de ses travaux d'heureux résultats pour l'avenir du syndicat.

C'est enfin le comité des patrons qui examine les questions

ce titre, ils tiennent des réunions séparées où ils peuvent
en toute liberté, et en dehors de toute ingérence patronale, étudier et discuter telles questions qu'il leur plaît
de porter à leur ordre du jour. Il est adressé ensuite au
comité des patrons un rapport énumérant les avis émis
et les vœux adoptés, sans aucune mention nominative,
ce qui met les personnes à l'abri des rancunes possibles.

d'ordre exclusivement patronal, intéressant le syndicat, et celles
que lui soumettent le comité des employés et celui des ouvriers.

Mais l'heure semble venue de donner plus d'unité encore aux
études des divers comités et d'en communiquer les résultats à
tous les adhérents qui ont le désir légitime de savoir tout ce qui
se fait. La réunion générale ne suffit pas pour cela ; il faudrait au
moins une ou deux réunions chaque année, auxquelles on serait
libre d'assister et où il serait rendu compte des études des divers
comités.

On demandera peut-être si tous les ouvriers syndiqués pourraient
prendre part aux études du comité. Non (remarquez que c'est le
secrétaire du comité ouvrier qui parle), parce qu'on n'étudie sérieusement qu'en petit nombre ; dans une grande réunion, il est
rare que ce soient les plus sages et les plus expérimentés qui prennent la parole.

Par les réunions que nous proposons, on éviterait l'inconvénient
qu'on voit presque toujours se produire dans les assemblées nombreuses, où l'amour-propre entre facilement en jeu, où les discussions dégénèrent facilement en personnalités, où l'on prend parfois des mesures irréfléchies qu'on regrette le lendemain.

Chacun serait d'ailleurs invité à communiquer au syndic de son
usine les réflexions que lui aurait suggérées l'exposé qu'il aurait
entendu, et le Comité l'inviterait volontiers à venir, en séance, lui
exposer ses vues. »

Ce comité ouvrier fonctionne au sein du syndicat de Roubaix, depuis plusieurs années, à la satisfaction générale; c'est lui qui a pris, entre autres, l'initiative de la mise à l'étude de la création des maisons ouvrières, et qui a fourni tous les plans d'exécution.

D'autre part, on s'est efforcé de laisser, autant que possible, aux membres ouvriers la direction exclusive des œuvres économiques qu'ils alimentent pour partie de leurs cotisations. Nous avons vu que, d'après le plan général proposé par l'Association des patrons du Nord, la direction de ces œuvres devait appartenir aux seuls vice-présidents ouvriers des groupes d'usine : ce conseil a été suivi presque partout. S'il est bon pour les œuvres syndicales, il l'est aussi pour les œuvres d'usine; et qu'il nous suffise de rappeler ici combien les patrons de la maison Louis Cordonnier et Scrépel se félicitent d'avoir établi dans leurs ateliers la pratique du prêt gratuit, sous l'unique responsabilité et le contrôle mutuel des ouvriers syndiqués.

Il est donc faux de dire qu'au syndicat mixte tout dépend des seuls patrons : chaque groupe de syndiqués, au contraire, se trouve, par rapport aux autres (à part peut-être la question de présidence du conseil), sur le pied de l'absolue égalité ; et l'ouvrier, je le répète encore, trouve dans sa qualité d'associé toutes les garanties de libre discussion et d'action autonome.

Enfin quelques publicistes ont remarqué — sans en

faire toujours un grief contre l'institution (1) — que les
syndicats mixtes existants ne s'étaient pas donné pour but
de régler les conditions du travail, et s'étaient bornés à
créer des sociétés d'assurance et d'assistance mutuelles.

Il y a là encore une affirmation insuffisamment
exacte et qui pourrait prêter à équivoque.

Ce qui est vrai, c'est que les initiateurs des syndicats mixtes ont voulu, avant tout, *faire du pratique;*
aussi, en présence de la crise subie ces années dernières par les industries textiles, et qui mettait les
chefs d'entreprise dans l'impossibilité d'améliorer directement le sort de leurs ouvriers par une élévation
du taux des salaires, s'appliquèrent-ils immédiatement
à la création de ces institutions économiques de mutualité, d'épargne, de coopération qui devaient, du
moins, diminuer sensiblement le coût de la vie pour
les associés.

Il est certain d'ailleurs que, dans l'état actuel des
choses, l'étude et la solution des questions professionnelles ressortit plus naturellement des conseils d'usine
que du conseil syndical, puisque aucune sanction légale n'assure l'exécution des décisions d'ordre général
prises par le syndicat mixte.

En effet, si aujourd'hui le conseil syndical adoptait
et prétendait imposer à ses membres une mesure qui

(1) Voir notamment M. HUBERT-VALLEROUX : *Correspondant* du
10 janvier 1896, p. 88.

déplût à l'un quelconque d'entre eux, celui-ci n'aurait qu'à se retirer du syndicat pour se soustraire à l'observance de cette mesure. En revanche, si demain un texte législatif rendait obligatoires, pour les membres seuls, les règlements adoptés par le conseil syndical, plus personne parmi les industriels ne voudrait faire partie du syndicat mixte, car chacun risquerait de s'y voir interdire telle pratique dont le concurrent non syndiqué continuerait à faire usage, au plus grand détriment de ses émules liés par leur adhésion au syndicat.

Le seul moyen de permettre aux associations mixtes d'intervenir efficacement dans les questions de règlementation professionnelle : fixation des salaires, durée des journées, conditions de l'apprentissage, sécurité des ateliers...., serait de donner, par une homologation administrative, à toute décision émanant des conseils syndicaux et reconnue bien fondée, force obligatoire pour tous les ateliers d'une même région, syndiqués ou non syndiqués. C'est ce qui se pratique en Allemagne pour certaines décisions des corporations.

Mais nous ne sommes pas encore sur le point de voir accomplir cette réforme (1) sur laquelle nous aurons à revenir dans nos conclusions.

(1) Cette réforme sanctionnerait cependant un mode de réglementation de l'industrie bien préférable à l'intervention directe du pouvoir central. Or cette intervention, si imparfaite qu'elle soit, s'impose trop souvent, en présence de l'insuffisance de l'initiative privée et lorsqu'on est obligé de constater, par exemple,

Quoi qu'il en soit, et en attendant que les corporations nouvelles aient acquis le moyen légal de faire
prévaloir leur avis et respecter leurs décisions sur les
questions professionnelles, les syndicats mixtes ne sauraient négliger d'étudier ces questions.

Maintenant qu'ils prospèrent et que leurs œuvres
économiques sont en plein développement, il importe
que, pour acquérir toute l'influence, tout le prestige
qu'ils doivent avoir, ils n'écartent, de parti-pris, de
leur programme rien de ce qui intéresse la profession
et ses auxiliaires.

Cet objectif figure, du reste, dans les statuts de tous
les syndicats dont nous avons parlé et, en fait, plusieurs d'entre eux sont déjà entrés résolument dans la
voie que nous indiquons, contrairement à ce qu'avance
M. Hubert-Valleroux.

Le syndicat de Roubaix a mis successivement à
l'étude, ces années dernières, *la suppression des
amendes, les conditions nouvelles du travail des
femmes et des enfants conformément à la loi du
2 novembre 1892, les remèdes à apporter au chômage,* etc., toutes questions essentiellement professionnelles et actuelles. Il est hors de doute que les

que les syndicats mixtes catholiques n'ont même pas, jusqu'ici,
proscrit absolument le travail de nuit des maisons adhérentes, —
qui toutes pourtant le condamnent, — parce que ce serait assurer
la supériorité de concurrents qui n'y veulent point renoncer librement.

autres syndicats mixtes accentueront nettement à l'avenir le mouvement dans ce sens.

Au cours de l'un des derniers congrès de Mouvaux (15 et 16 juillet 1895) où s'élaborent, chaque année, du côté des patrons, les projets d'amélioration à apporter aux institutions précédemment réalisées dans le département du Nord, il a été unanimement reconnu qu'il importait de développer ces études des syndicats mixtes et qu'il n'y avait pas lieu, bien au contraire, d'éviter d'aborder même la question toujours si épineuse des salaires.

Les ouvriers, en effet, sont les premiers à reconnaître les obstacles sérieux qui s'opposent à la hausse actuelle de ces salaires ; et mieux ils s'en rendent compte, plus ils s'attachent aux institutions économiques qui ont pour but d'en augmenter la valeur réelle.

Ainsi la qualification d'*institution* exclusivement *charitable* et non professionnelle appliquée aux syndicats mixtes, inexacte dans le présent, le sera davantage encore dans l'avenir, car ces associations tendent de plus en plus à jouer, en France, le rôle de ces conseils permanents de conciliation et d'arbitrage dont on obtient en Belgique de si heureux résultats (1).

---

(1) Ils peuvent aussi prendre modèle sur le conseil d'usine de Simmering (Autriche), qui, par le seul ascendant moral, a fait adopter, dans 80 usines de la métallurgie viennoise, un règlement dont l'application a supprimé toutes contestations dans cette importante branche industrielle.

CHAPITRE IV

LE SYNDICAT MIXTE DANS LES ARTS ET MÉTIERS (1).

SOMMAIRE : I. Dans la petite industrie, le syndicat mixte renoue la tradition des anciennes corporations de métiers dont la suppression a été si dommageable aux artisans. — Rôle qui incombe au syndicat mixte : les obstacles spéciaux ; les formes appropriées. — Statistique. — Insuccès locaux ; leurs causes : incompétence de certains fondateurs ; la tendance trop démocratique et l'exagération restrictive. — II. Quelques exemples de services rendus par les syndicats mixtes de métiers : 1o la défense contre les grands magasins par : a) le développement du savoir professionnel ; la restauration de l'apprentissage, des épreuves de capacité, du chef-d'œuvre : le Syndicat de l'habillement de Carcassonne ; — les cours techniques et l'enseignement professionnel : la Corporation des menuisiers et ébénistes de Nantes ; — b) l'union coopérative : les magasins de vente : la Corporation Saint-Antoine ; les expositions syndicales : le Syndicat de l'Aiguille de Paris. — 2o l'assistance mutuelle : a) contre les maladies : presque toutes les corporations ; — b) contre le chômage, par : le placement ; l'assurance mutuelle : Corporation des ébé-

(1) Je dois des remerciements très particuliers à MM. E. Flornoy, de Nantes ; Chanoine Combes, de Carcassonne ; Rabier, de Blois ; et à beaucoup d'autres collaborateurs que la discrétion m'empêche de nommer ici, mais auxquels je conserve de très reconnaissants sentiments pour les précieux renseignements qu'ils ont bien voulu me communiquer.

nistes de Nantes ; le travail : le Syndicat du bâtiment de Blois
et l'exploitation coopérative de la carrière Saint-Eloi ; les prêts :
Syndicat de l'Aiguille. — 3º la pacification des ateliers ; la conciliation et l'arbitrage : Corporation des ébénistes de Nantes et
Corporation des tisseurs lyonnnais ; l'étude des questions professionnelles : la Corporation Saint-Eloi, de Lille, et son comité
d'études sociales. — III. Dans quelle mesure le syndicat mixte
peut être utilisé par le petit et le grand commerce.

I

La grande industrie n'a jamais été soumise au régime
corporatif dont on cherche à lui approprier, par le syndicat mixte, quelques-uns des avantages.

Les corporations, au contraire, ont fleuri et se sont
développées autrefois dans les arts et métiers, et leur
abolition a été pour eux le signe de la décadence et de
la ruine. Par une suite naturelle et fatale de la procla-
mation de la libre concurrence, les petits ateliers domestiques se sont trouvés détrônés par les vastes installations de l'industrie moderne, et l'œuvre amoureuse-
ment soignée et finie par le travailleur artiste s'est vu,
peu à peu, préférer le produit automatiquement exécuté par l'inconsciente machine.

La suppression de toutes les garanties de capacité
professionnelle chez l'ouvrier et de loyauté dans l'exécution de l'objet fabriqué a donné, incontestablement,
au commerce et à l'industrie, un essor trop facile à

constater. Mais elle devait assurer, du même coup, le règne universel de la marchandise pacotille.

Le consommateur a paru, tout d'abord, trouver son profit à cet état de choses ; il y a puisé, effectivement, la possibilité de s'offrir l'attrayante illusion d'un luxe à bon marché. Mais, en réalité, il est actuellement victime, tout comme le producteur, du triomphe insolent et de l'omnipotence absolue que ces gigantesques intermédiaires, appelés *les grands magasins*, ont établis, par la puissance du capital, sur la ruine des petits artisans.

Partout on reconnaît que l'association est le seul recours contre l'écrasement des gens de métier isolés et divisés.

« Le groupement professionnel, voilà où l'on en revient après les dures épreuves d'une liberté menteuse (1) ».

Mais ce groupement professionnel n'est pas toujours aisé à reconstituer, car, comme nous venons de le dire, les artisans ne sont pas seulement isolés, mais encore divisés. Au lieu de se serrer les coudes et de s'unir contre l'ennemi commun qui veut leur mort, ils se sont le plus souvent, dans leur détresse, retournés les uns contre les autres pour s'arracher les lambeaux de clientèle échappés à la gloutonnerie dévorante des grands bazars

---

(1) V. DE MAROLLES, Discours à l'assemblée générale du syndicat de l'Aiguille, 18 fév. 1894.

capitalistes. Aussi, en différents pays, l'État, nous l'avons vu, a-t-il jugé opportun d'intervenir pour contraindre les gens de métier à se défendre contre l'anéantissement certain ; et c'est ainsi que, pour la petite industrie, les corporations sont redevenues obligatoires en Autriche, et ont été si fort privilégiées en Allemagne, que hors de leur sein, on peut le dire, il n'y a pas de salut.

En France, la planche de salut a été, en 1884, tendue aux artisans : elle a été offerte à leur libre initiative ; elle ne leur a point été imposée. La libre initiative des petits fabricants et entrepreneurs de toutes catégories ne s'est pas montrée, depuis lors, à la hauteur du rôle qui lui était confié.

Ici encore, l'association mixte apparaît comme le meilleur mode de réorganisation et le gage le plus sûr de conservation et de progrès.

Les maîtres peuvent utilement, sans doute, se syndiquer entre eux pour chercher les voies et moyens de rendre la profession plus habitable ; de leur côté, les ouvriers trouvent profit à s'entendre pour étudier et poursuivre ensemble les améliorations dont leur condition est susceptible. Mais, en présence de la crise actuelle, l'union de tous, maîtres et compagnons, est nécessaire à la conservation même de la petite industrie si menacée ; or l'union étroite, intime, durable exige des groupements mixtes, car les groupements séparés éveillent presque infailliblement, entre les divers éléments de la profession, l'idée de défense, trop voisine de l'idée d'agression.

Les causes de mécontentement et de désaccord qu'il importe de supprimer ne manquent pas, d'ailleurs, entre maîtres et compagnons. La distance sociale est évidemment moindre entre eux qu'entre patrons et ouvriers de la grande industrie : le maître, ayant généralement travaillé pour autrui avant de travailler à son compte, continue, le plus souvent, à vivre de la vie de ses auxiliaires et à s'occuper au milieu d'eux ; ses intérêts et les leurs sont aussi plus visiblement solidaires. En revanche, les règlements et tarifs d'ateliers sont bien moins minutieusement établis, lorsqu'ils existent, que dans les grandes usines ; il en résulte que les sujets prêtant à discussion sont plus nombreux, et plus fréquentes aussi les occasions où le maître peut être tenté d'abuser des forces de son subordonné ou de rémunérer insuffisamment ses services.

La vertu pacificatrice de l'association mixte ne risque donc pas de se trouver inutilisée.

Le syndicat mixte, dans les arts et métiers, renoue la tradition du régime corporatif.

Il groupe tous les éléments de la profession dans le double but de la fortifier, d'une part, dans la lutte pour la vie et de la défendre contre les empiètements et les concurrences externes ; et de lui éviter, d'autre part, les divisions intestines, toujours affaiblissantes et particu-

lièrement périlleuses dans une situation déjà si compromise.

Les obstacles qui s'opposent à l'établissement de
l'association mixte, dans les métiers, ne sont pas les
mêmes que dans la grande industrie. On n'éprouve
guère de difficultés, en effet, à mettre en présence apprentis, ouvriers et petits patrons puisque, entre eux,
les contacts sont constants et que leurs existences
s'écoulent côte à côte. Le plus délicat de l'affaire consiste à rapprocher les chefs d'ateliers éloignés les uns
des autres par de mesquines rivalités, de sottes méfian-
ces et des jalousies ridicules.

D'ailleurs, dans ce nouveau milieu, le syndicat mixte
ne comporte qu'un groupement unique et général, qu'il
n'y a pas lieu ordinairement de compliquer d'une sous-
organisation par ateliers, de *conseils d'atelier* correspondant aux *conseils d'usine*. — Les compagnons,
vivant en contact habituel avec leur patron, n'ont pas
besoin d'intermédiaires pour lui faire parvenir les do-
léances dont le chef d'atelier peut contrôler en personne
le bien fondé, pas plus que ce chef d'atelier ne recourt
à des tiers pour communiquer à son personnel ses
ordres ou ses observations.

Les intérêts des uns et des autres sont même, dans
certaines professions, si intimement liés, que les membres du syndicat mixte n'éprouvent pas le besoin de
déléguer au conseil syndical une représentation spéciale
à chacun des divers éléments du métier.

Dans ce cas, l'administration du syndicat est habituellement confiée à quelques chefs d'ateliers, ainsi que dans les anciennes corporations dont la direction était dévolue aux seuls maîtres.

Mais la représentation par catégories conserve toujours, sur l'autre mode, l'avantage d'intéresser plus directement tous les associés au bon fonctionnement de l'institution.

Quoi qu'il en soit, l'association mixte revêt, dans les métiers, un caractère tout particulièrement familial qu'accentue encore la participation des *apprentis*, ces benjamins de la corporation, dont les transformations de l'outillage et des mœurs industrielles paraissent malheureusement devoir entraîner peu à peu la disparition.

Après ce que nous venons de dire, et en présence des avantages que nous avons brièvement signalés, il semblerait que l'efflorescence spontanée de syndicats mixtes ait dû se produire partout dans les métiers, dès que la loi de 1884 eut rendu aux artisans l'usage de la libre association. Et cependant, il n'en est rien. Si les tentatives d'association mixte ont été plus nombreuses dans les métiers que dans la grande industrie, le chiffre total en est encore dérisoire. L'*Annuaire* de 1894 n'en relève pas même deux cents ! Il est vrai que l'Annuaire est très incomplet, que sa statistique n'est plus à jour et que des progrès sérieux ont été faits depuis deux ans.

Néanmoins, s'il y a lieu d'ajouter à la liste fournie par lui, il y aurait aussi à y opérer plusieurs retranchements. M. Hubert-Valleroux cite quelques syndicats dont le caractère mixte est des plus contestables, et l'on trouve, par exemple, dans le seul département de la Seine, quatre associations d'instituteurs et d'institutrices, libres ou laïques, qui ne peuvent guère être considérées comme mixtes qu'au point de vue du mélange des sexes.

En somme, une enquête personnelle, aussi scrupuleuse que possible, me permet d'avancer qu'on ne serait pas éloigné de la vérité en fixant aux environs de 250 le nombre des syndicats de métiers tendant actuellement à réunir les divers éléments de la profession.

C'est peu, on le voit.

La qualité supplée-t-elle, du moins, partout la quantité, et ces associations peu nombreuses sont-elles très vivaces? Il n'en va malheureusement pas ainsi pour la totalité. Quelques-unes végètent péniblement ; plusieurs ont déjà disparu.

Est-ce donc la condamnation de l'institution? Nulle conclusion ne serait moins exacte. Il n'y a là qu'un phénomène très naturel qui ne doit pas décourager, mais qui peut servir de leçon pour l'avenir.

La création des syndicats mixtes existants a été due surtout, cela est incontestable, à l'impulsion donnée dans ce sens par l'Œuvre des cercles catholiques d'ouvriers. — Cette impulsion, si judicieuse, s'est pro-

pagée comme elle a pu, se heurtant aux objections, aux
obstacles, et surtout à l'indifférence trop difficile à
entamer.

Là où les doctrines de l'Œuvre ont influencé directement les intéressés : industriels ou agriculteurs, on
a recueilli immédiatement des résultats appréciables.
Mais souvent leur action n'a pu s'exercer que par l'intermédiaire d'hommes certainement toujours très
dévoués, mais parfois insuffisamment compétents. De
là vient que l'on vit éclore sur plus d'un point des
groupements factices et éphémères, qui n'avaient rien
de vraiment, de sérieusement professionnel : les adhérents à ces associations mort-nées ne donnaient leur
nom que pour faire plaisir aux promoteurs de l'entreprise et ne pas perdre la clientèle *bien pensante*; mais
aucun d'entre eux ne prenait la chose au sérieux. —
Dans ces conditions l'insuccès était fatal.

Partout, au contraire, où l'on a procédé par ordre,
rigoureusement et suivant une méthode rationnelle ;
partout où l'on s'est efforcé de faire prendre l'initiative
à qui de droit et de recruter des associés bien pénétrés
de l'utilité de l'institution, en comprenant le but, et
ayant la réussite à cœur, on a obtenu de satisfaisants
résultats.

Ce n'est pas que l'on n'ait éprouvé de fréquents déboires ; l'expérience ne s'acquiert jamais et le succès
ne s'affirme solidement qu'après bien des tâtonnements,
des à-coups, parfois même des crises. Combien n'est-il

pas délicat, en effet, d'établir dès le début une association mixte dans le parfait équilibre des rapports réciproques et des attributions de chacun !

Ici, la tendance initiale a été trop libérale, trop *démocratique*, et les admissions trop rapides ; et ce manque de prudence a effarouché les scrupuleux, écarté les maîtres.

Là, au contraire, on s'est montré trop sévère dans le recrutement, trop pointilleux pour le règlement ; et l'on n'a réuni qu'une élite : l'ouvrier honnête, mais débraillé d'attitude, imprudent de parole, qui serait devenu un excellent élément corporatif, n'a pas osé aborder ces groupements trop aristocratiques, trop *à l'étiquette*.

Pour naviguer sûrement entre les deux écueils, quelle sûreté de main ne faut-il pas aux initiateurs de l'entreprise ! Ce n'est guère qu'à l'user que l'on peut connaître, et à la longue que l'on peut corriger les défauts de l'institution primitive, de telle façon qu'elle puisse servir les intérêts de tous en ne blessant les susceptibilités de personne.

II

Si l'on a vu, dans les métiers, des syndicats mixtes végéter et disparaître un beau jour sans avoir rendu de services appréciables, il en est d'autres, et en nombre, qui fonctionnent activement au grand profit de tous leurs membres. Vouloir esquisser les monographies successives de tous ceux sur lesquels nous avons pu nous documenter, ce serait nous exposer à bien des redites et à une inévitable monotonie. Nous ne parlerons donc des plus importants d'entre eux qu'au cours d'une revue d'ensemble des avantages multiples et divers que peut procurer l'association mixte dans les métiers, et à propos de celui de ces avantages sur lequel chacune de ces corporations a concentré et spécialisé ses efforts.

Le premier avantage de l'association, et surtout de l'association mixte, intégrale, c'est de fortifier le métier, de le mettre mieux à même de soutenir efficacement la lutte contre l'accablante concurrence des grandes maisons, et d'opposer la coalition des personnes, — de tous les artisans : maîtres, compagnons et apprentis, — à l'agglomération des capitaux.

Les moyens dont disposent les gens de métier associés pour se défendre, sont d'ordres différents : parmi les plus efficaces, il faut signaler l'union coopérative pour les achats de matière première ou pour la vente dans des entrepôts communs, les expositions des produits syndicaux et la garantie de leur bonne et loyale fabrication.

Mais, pour donner à la garantie de cette bonne et loyale fabrication une base sérieuse, il convient d'abord d'assurer le développement du savoir professionnel par la réorganisation de l'apprentissage, les cours techniques et les épreuves de capacité.

Aujourd'hui, en effet, l'enseignement professionnel est notoirement insuffisant.

« Il y a un siècle, et à l'époque des corporations, un apprenti n'était agréé par un patron que tout autant que ses parents intervenaient auprès de ce dernier. Le temps du travail, la durée de l'apprentissage étaient réglés par un contrat dressé par-devant le prud'homme juré, et bien souvent les parents devaient indemniser le patron par une somme d'argent qu'ils comptaient et qui était acquise au patron au bout de quelques mois, si l'apprenti ou ses parents résiliaient le contrat. »

Il n'en est malheureusement plus de même maintenant. L'introduction de la vapeur et de l'électricité comme forces motrices, l'invention des machines et la division du travail qui répartit la besogne en une quantité de spécialités, suppriment la nécessité de l'initiation technique chez les ouvriers de la grande industrie.

Les enfants qu'embauche l'usine reçoivent immédiatement un salaire proportionné plus ou moins équitablement à la somme de travail qu'ils fournissent.

Aussi, les jeunes gens qui veulent embrasser la carrière industrielle et se présentent chez un petit patron, demandent-ils tous à gagner un salaire en commençant de travailler.

« L'offre acceptée, le jeune apprenti ainsi rémunéré devient *ipso facto* un petit manœuvre dont le patron

cherche à tirer profit. — Celui-ci n'a pas intérêt à le
pousser, à l'initier aux travaux délicats de la maison,
car, dès que l'apprenti saura où trouver à gagner quelques sous par jour en plus, il quittera l'atelier sans
même prévenir le patron, et ce dernier qui, pour la
facilité de son travail a besoin d'un jeune manœuvre,
en sera quitte pour en prendre un autre (1). »

Cette mobilité dans les rapports entre patrons et jeunes ouvriers supprime, d'ailleurs, tout intérêt affec-
tueux de l'un pour l'autre et rend impossible la naissance de ces sentiments familiaux qui attachaient autrefois le maître à l'apprenti et faisaient traiter ce dernier
en enfant de la maison.

Pour aller à l'encontre de ces mœurs nouvelles,
ramener la stabilité des engagements et, par conséquent, l'affabilité des procédés et la solidité de l'éducation professionnelle, il ne faut rien moins que la puissance de l'association intervenant avec son autorité
morale et son aide financière : *le Syndicat des patronnes et ouvrières de l'habillement de Carcassonne*
réalise, à ce point de vue, tout ce que l'on peut désirer
de mieux. Il prend la petite fille dès son plus jeune âge
et sur les bancs de l'école, lui obtient un contrat d'apprentissage qui prévoit tout et pourvoit à tout, et que

(1) Rapport présenté à l'assemblée provinciale de Provence,
tenue à Aix les 11 et 12 mai 1889, par M. Toussaint-Sabatier, fon-
deur, président du conseil des prud'hommes.

signent les parents, l'enfant, la patronne et le conseil
syndical. Celui-ci acquiert un droit d'ingérence par le
fait qu'il assume sa part de responsabilité. Il suit ainsi
l'apprentie jusqu'au concours du chef-d'œuvre et lui
décerne le brevet de capacité sous forme d'un diplôme
d'ouvrière et d'une prime de 50 fr. Puis il pourvoit au
placement de la jeune ouvrière qui bénéficie, par la
suite, des divers avantages (caisses d'épargne, de secours, dot, etc...) de la corporation (1).

Mais, pour rendre le savoir professionnel aussi complet que possible, les seuls conseils du maître ne suffisent pas, et il est bon de fournir, en outre, à l'apprenti
et au jeune ouvrier, des cours techniques réguliers et
solides. — C'est ce que pratique la *Corporation des
menuisiers et ébénistes* de Nantes (2) qui fait donner,

---

(1) Ce syndicat est extrêmement florissant et compte actuellement 220 associées : patronnes, ouvrières et apprenties. Il est
arrivé à supprimer presque absolument le chômage pour ses
membres.

Un syndicat analogue pour les hommes n'a pas réussi à Carcassonne, parce que, dit un de ses fondateurs, il y avait trop de rivalités entre patrons et que l'élément ouvrier tailleur est trop insou-
ciant et vit au jour le jour. Ce syndicat avait cependant créé un
cours de coupe pour les ouvriers et un cours de couture pour les
apprentis.

(2) La corporation des menuisiers et ébénistes de Nantes, anté-
rieure à la loi de 1884, est le premier syndicat mixte qui se soit
constitué suivant ses prescriptions. Nous aurons à en reparler plus
loin, à propos des caisses de chômage et des tribunaux arbitraux.
Assistée, dès ses débuts, des avis de M. Le Cour-Grandmaison, le

dans un local social, des cours professionnels ouverts du 15 octobre au 31 mars.

Le programme de ces cours comporte : *a*) le dessin à la planchette et d'après croquis, selon les facultés des apprentis ; ce cours est fait par des contre-maîtres et dessinateurs des ateliers syndiqués ; — *b*) un peu d'orthographe ; — et *c*) d'arithmétique (ces deux cours pour empêcher les apprentis de perdre ce qu'ils ont appris en classe) ; — *d*) du dessin géométrique au tableau.

Le cours *a* a lieu deux fois par semaine ; les cours *b*, *c*, *d*, alternativement, à raison de deux par semaine : ils sont faits par un ancien instituteur.

Tous ont lieu de 6 h. à 7 h. 1/4 du soir ; c'est là une innovation des plus heureuses. Les patrons syndiqués autorisent la sortie des apprentis, un quart d'heure ou une demi-heure avant la fermeture des ateliers, pour leur permettre d'être au cours à 6 heures. L'apprenti rentré dans sa famille à 7 h. 1/2, n'a plus à ressortir.

---

grand spécialiste en la matière, cette corporation s'est efforcée de reproduire, en les complétant, le type et les services des *Trades-Unions* anglaises. La corporation admet des membres honoraires, qui, sans participer aux avantages de l'association et sans prendre aucune part active, ni s'immiscer en aucun cas dans le fonctionnement du syndicat, lui apportent seulement le concours de leurs dons et de leurs conseils.

Très sévère, trop peut-être, dans ses admissions, elle compte actuellement 109 membres (68 ouvriers, 26 patrons et 15 membres honoraires). Elle a compté, à un moment donné, 60 patrons et 600 ouvriers.

L'assiduité obtenue est des plus satisfaisantes. A la fin
de l'année il est fait aux élèves une distribution de prix
consistant en outils nécessaires à leur profession.

Comme on en peut juger, il y a là une organisation
très complète et très remarquable, et le jeune ouvrier
qui a reçu cette formation technique présente toutes
les garanties de capacité professionnelle.

Mais il ne suffit pas d'être à même d'exécuter le travail le plus soigné et le mieux fini ; il faut pouvoir
vendre ses produits à un prix rémunérateur. Or, l'artisan, le plus souvent, n'atteint pas l'acheteur qui se
laisse séduire par le clinquant des grands étalages, où
le faux brille à l'égal du vrai, et ne s'arrête pas devant
la petite enseigne abritant des produits sérieux mais
auxquels manque une habile mise en relief.

L'union coopérative peut ici rendre des services émi-
nents ; mais l'union coopérative n'est guère praticable
et durable que précédée et accompagnée de l'association
corporative, celle-ci aplanissant entre fabricants les
rivalités et les jalousies, et leur procurant, par l'accord
avec leur personnel, la sécurité du lendemain et la
possibilité de régler, dans une certaine mesure, leur
production.

C'est ce qu'ont bien compris quelques petits patrons
ébénistes de Paris, moins avancés actuellement que
leurs similaires de Nantes.

La *Corporation Saint-Antoine* est, en effet, à ses
tout premiers débuts ; mais ses fondateurs voient net-

tement le but qu'ils veulent atteindre, et tout porte à
espérer que, s'ils persévèrent, leurs efforts ne seront pas
vains.

La situation des ébénistes du faubourg Saint-Antoine
a été mise en lumière par les savantes leçons de M. P.
du Maroussem.

D'après lui, les ébénistes ou fabricants de meubles
groupés dans le faubourg seraient au nombre de 20,000 ;
il faudrait dire 50,000 si l'on comprenait les métiers
annexes.

On les distingue en trois catégories : la grande mai
son, qui fait les meubles de grand luxe, comme la maison Kriéger ; l'ouvrier de la « trôle » qui fabrique, souvent chez le marchand de vin, la camelote destinée au
marché du faubourg appelé la trôle ; le petit patron qui
travaille en chambre avec un apprenti, avec ses garçons,
avec un, deux ou trois ouvriers, et qui fabrique le
meuble courant. C'est parmi ces petits patrons et leurs
ouvriers que doit se recruter la corporation Saint-An
toine.

Ils sont 3,000 dans le faubourg, groupant autour de
leurs établis 7,000 ouvriers.

Jadis ils travaillaient pour la clientèle ou vendaient
au marchand pour des prix raisonnables.

Le grand magasin de nouveautés a commencé à leur
enlever la clientèle et à faire tomber prodigieusement
leurs prix, sans profit d'ailleurs pour le client. Puis, le
grand magasin spécial d'ameublement est venu porter

le dernier coup. Maître de la clientèle, il l'est de la fabrication qu'il avilit au prix de la trôle. Pour les petits patrons, c'est la ruine certaine, la prolétarisation à brève échéance avec toutes ses dégradations économiques et morales.

Quelques-uns d'entre eux ont pensé que l'association corporative seule pouvait les sauver. Cette association corporative, ils l'envisagent, dit la notice explicative, « avec toutes ses conséquences morales, économiques et professionnelles : observation du dimanche, moralité des ateliers, indépendance de la fabrication et aisance légitime des patrons et des ouvriers associés ; relèvement de l'apprentissage et soins des apprentis ; perfection et loyauté du métier ; enfin les institutions nécessaires pour la vieillesse abandonnée, les maladies, les accidents, bref pour le soutien mutuel des associés dans tous les besoins de la vie. »

Comme on le voit, le but poursuivi est ample ; sera-t-il jamais atteint ? Quoi qu'il en soit, le moyen dont la corporation a fait son centre et son point de départ est un *magasin commun de vente* situé 182, boulevard Saint-Germain.

N'y sont admis que les meubles d'une fabrication loyale et parfaite pour la qualité des bois et des fournitures, pour l'assemblage des parties, pour la solidité et l'élégance. Sont écartés impitoyablement la camelote et même la fabrication défectueuse. Bien que les meubles soient fabriqués par les associés mêmes, deux contrôleurs en font un examen sévère avant leur admission au magasin de vente ; ils en fixent le prix et les frappent du sceau de la corporation pour la garantie des clients.

Je le répète, la corporation Saint-Antoine est absolument à ses débuts. Les très peu nombreux adhérents de la première heure se disent satisfaits des résultats déjà obtenus. S'ils réussissent et appliquent intégralement leur programme, ils auront donné un exemple très utile.

Moins compliquée que celle d'un magasin commun et permanent de vente, est l'organisation d'expositions professionnelles. Plusieurs syndicats mixtes en ont tenté avec succès.

Le *Syndicat parisien de l'Aiguille* en fait une chaque année ; il a, de plus, envoyé à l'exposition de Chicago une *galerie de l'histoire du costume féminin*, vrai petit chef-d'œuvre d'art rétrospectif, qui a été primé par le jury international et vendu 10,000 fr. (1).

(1) Le syndicat de l'Aiguille, qui cherche à renouer la tradition de l'ancienne communauté si florissante des couturières de Paris, date de 1892. Au 31 décembre 1894, il comptait 1,045 membres, dont 658 appartenant à la couture, 250 à la mode, 129 autres spécialités. Il y avait 130 patronnes et 915 employées et ouvrières. En 1895, il y a eu 260 inscriptions nouvelles.

L'association est administrée par un conseil syndical mixte composé de 36 membres et ainsi constitué : 1° 6 patronnes, 6 employées et 6 ouvrières dites *fondatrices*, qui doivent garder l'esprit et les traditions de l'association, se recrutent elles-mêmes par un renouvellement triennal et sont rééligibles ; 2° 6 patronnes,

L'union pour la lutte directe contre la concurrence des grands magasins par les expositions, les entrepôts, la vente en commun n'est pas toujours possible. En revanche, il est un avantage qui naît pour ainsi dire spontanément de l'association : c'est l'assistance sur les bases de la mutualité.

Cette assistance peut parer à toutes les situations critiques que l'artisan est exposé à traverser. Sous forme d'assistance dans les maladies, elle est pratiquée par presque tous les syndicats mixtes et dans les centres où plusieurs corporations sont établies — formant ou non des *unions* de syndicats mixtes, comme à Angers, Blois, Clichy, Lille, Moulins, etc... de puissantes *sociétés de*

6 employées et 6 ouvrières élues pour un an, en assemblée générale et à la majorité des voix, par leurs groupes respectifs.

Le mouvement de caisse, pendant l'année 1895, a été de 47,456 fr. 80.

Le syndicat rend à ses membres toute espèce de services matériels, professionnels et moraux par ses ateliers professionnels, contrats d'apprentissage, bureaux de placement et de contentieux, maison de famille, caisses d'assistance et de prêts (sur laquelle nous aurons à revenir).

Une des fondatrices de l'association, parlant des bons résultats produits par le rapprochement des patronnes et des ouvrières, nous écrivait : « Il y a eu étonnement au début et réticence de la part des patronnes surtout. Les ouvrières se sont plus vite mises à l'aise pour exprimer leurs idées, leurs réclamations mêmes au conseil syndical. Aujourd'hui la glace est rompue et la plus grande liberté règne dans les rapports communs... Un progrès considérable et visible s'est opéré chez les patronnes, femmes fort intelli-

secours mutuels s'étendent aux différentes associations de la même localité et fournissent à leurs adhérents, dans les cas prévus et moyennant des cotisations variables, les visites de médecin, les médicaments gratuits, une indemnité journalière, ou le tout à la fois.

Le chômage est certainement une des plaies les plus dangereuses et les plus redoutées de l'ouvrier, soit qu'il résulte accidentellement d'une crise industrielle, soit qu'il renaisse inévitable et périodique dans certaines professions. Contre ce mal si douloureux, puisqu'il atteint l'ouvrier valide et le plus désireux de trouver du travail, l'association peut lutter efficacement de plusieurs manières. La plus simple consiste à faciliter à

gentes, qui ne voyaient auparavant leur devoir que dans la bonne direction de leurs affaires et qui acceptent maintenant l'idée de dévouement, d'intérêt maternel vis-à-vis de leurs ouvrières. Grand progrès aussi dans leurs rapports mutuels qui n'étaient qu'une très âpre rivalité et qui sont devenus charitables. Elles s'entr'aident dans leurs épreuves et *parfois dans leurs affaires !* »

Aujourd'hui, 35 syndicats mixtes de patronnes et ouvrières de l'habillement fonctionnent dans les principales villes de province, établis sur le modèle des syndicats de l'Aiguille de Paris et de Carcassonne. On conçoit quels services ils peuvent rendre, lorsque surtout l'on envisage que les ouvrières de la couture et de la mode sont parmi les plus malheureuses et les plus indignement exploitées. (Voir les ouvrages de M. Ch. Benoist : *Les ouvrières de l'aiguille à Paris*, et de M. Bonneveau : *Les ouvrières lyonnaises travaillant à domicile*. De récentes enquêtes à Vienne, Berlin et dans d'autres villes allemandes prouvent que le mal est commun à tous les grands centres civilisés).

ses membres le placement par la centralisation des offres et demandes d'emploi. Ce mode d'assistance est très communément pratiqué. Plus délicate est la formation de caisses de chômage : la corporation des ébénistes de Nantes ne s'est pas laissée arrêter par la difficulté et elle alloue à ses membres une indemnité de deux francs par jour ouvrable en cas de chômage provenant soit de fermeture de l'atelier pour cause de force majeure, soit de mise à pied pour manque d'ouvrage. L'indemnité n'est due qu'à partir du 3e jour de chômage ; elle ne se prolonge pas au-delà du 15e jour.

Mais ce système est absolument impraticable pour les métiers où l'impossibilité de travailler se reproduit à époques régulières et prolongées. La profession de maçon est une des plus exposées à ces longs temps d'inoccupation.

Comment parer à cet inconvénient fatal ?

La *Corporation Sainte-Anne de Blois* y est arrivée par la location et l'exploitation coopérative d'une carrière. Cette carrière fournit du travail à tous les syndiqués pendant la morte saison. Elle est administrée par une commission composée de deux patrons et de deux ouvriers désignés par leurs camarades. Lorsqu'on ne trouve pas à vendre les pierres immédiatement, une caisse de prêts, système Raiffeisen, avance une partie du prix des matériaux extraits.

Le prêt consenti sous forme d'avance est donc gagé par le produit d'un travail exécuté. Mais le syndicat

peut aller plus loin encore et ouvrir à ses membres
momentanément dans la gêne faute d'emploi, *sur des
garanties purement morales,* un crédit plus ou moins
limité : c'est ce qu'a réalisé le syndicat parisien de l'Aiguille, en instituant une caisse corporative de prêts
consentis pour six mois, et proportionnels au salaire
habituel de la bénéficiaire, moyennant une modique
commission de 2 0/0. La seule condition exigée consiste en ce que la bénéficiaire fasse depuis un certain
temps partie d'une société de secours mutuels et té-
moigne ainsi d'habitudes de prévoyance.

Les avantages matériels et économiques résultant de
l'assistance mutuelle peuvent être obtenus, bien qu'en
des proportions plus modestes, par les syndicats purement ouvriers comme par les associations mixtes. Il
n'en est pas de même des avantages moraux et sociaux
qui découlent des rapports confiants et familiers qui
s'établissent par le fait du groupement mixte. Les relations fréquentes et intimes entre les différents éléments
de la profession font tomber bien des préjugés, dissi-
pent bien des malentendus. Les améliorations techniques
étudiées en commun ne deviennent plus l'objet de revendications violentes et d'hostilités regrettables. Si,
d'ailleurs, des dissentiments et des difficultés surgissent
entre membres de la corporation, le tribunal arbitral
est là pour empêcher le différend de s'envenimer, et
départager les adversaires.

La conciliation et l'arbitrage comptent, en effet, parmi les attributions les plus essentielles de l'association mixte. C'est là un domaine où les membres honoraires des syndicats peuvent jouer un rôle important et rendre d'inappréciables services, car il est des circonstances et des démêlés dans lesquels l'intervention de tiers absolument désintéressés s'impose pour conférer à la solution à intervenir toutes les garanties d'impartialité (1).

La Corporation des ébénistes de Nantes paraît avoir très pratiquement réglé la composition du tribunal arbitral, suivant les catégories de conflits : pour une difficulté entre patrons, le tribunal se compose de trois arbitres : deux patrons et un membre honoraire ; entre ouvriers, trois arbitres : deux ouvriers et un patron ; enfin, entre patrons et ouvriers, trois arbitres : un patron, un ouvrier et un membre honoraire. L'intervention de hautes personnalités non professionnelles, en matière de conciliation et d'arbitrage, est de pratique

(1) Le rôle des membres honoraires, ou plus exactement des membres d'honneur, non professionnels, a été fort réduit par le législateur de 1884 qui n'en fait même pas mention et paraît ainsi les exclure. M. de Mun réclamait pour eux le droit de faire partie intégrante des syndicats et de contribuer à leur direction et à leur administration. Mais la majorité craignant que le pouvoir d'immixtion, reconnu à des étrangers à la profession, n'autorisât des ambitieux à se servir des syndicats dans un intérêt politique, s'est refusée à leur accorder tout droit analogue.

Il reste cependant loisible aux associations professionnelles de faire appel à la bienveillance et au concours de personnes compé-

générale et courante dans les *Trades-Unions* anglaises.
A Nantes, elle s'est fait si bien apprécier de tous que,
lors d'une grève générale des menuisiers, à laquelle
les ouvriers appartenant au syndicat mixte avaient pris
part (1), les ouvriers grévistes proposèrent aux patrons,
syndiqués ou non, au cours d'une réunion très nombreuse, de confier la solution du conflit à un membre
honoraire de ce même syndicat mixte. Celui-ci, accepté
unanimement comme arbitre, trancha le différend à la
satisfaction générale.

Mais les syndicats mixtes font mieux encore que ter-
miner les grèves, il les empêchent d'éclater.

C'est ce à quoi s'est appliquée, dès son origine, la
Corporation des tisseurs lyonnais.

Ce groupement fait partie d'un ensemble intéressant
et complet : l'*Union corporative de la Fabrique lyon-
naise* , qui comprend aussi un syndicat patronal :
l'*Union chrétienne des fabricants de soieries* et une
Corporation d'employés.

Grâce à l'entente de ces divers éléments, qui réunissent tous les facteurs de la production, l'industrie lyon-
naise des soieries a pu traverser sans bouleversements
des années difficiles.

tentes pour la gestion de leurs institutions économiques et la constitution de juridictions arbitrales.

(1) Ce qui prouve, entre parenthèse, que dans les syndicats
mixtes les plus homogènes et les plus fortement constitués, les
membres ouvriers gardent leur liberté bien entière.

A première vue, il semble qu'il y ait là un exemple
de ces syndicats dits *parallèles* qu'on oppose aux syndicats mixtes et dont nous aurons à parler plus tard. —
Mais ce n'est qu'une apparence. — Il y a là un ensemble de groupements très spécial, commandé par une
situation toute particulière.

La réunion, dans une même association, des fabricants de soieries et des ouvriers tisseurs, serait sans
raison d'être, étant donné l'organisation du travail à
Lyon : la fabrication des soieries y participe, en effet,
beaucoup plus du métier que de la grande industrie.—
Le grand fabricant n'a rien à voir directement avec
l'ouvrier *canut* ; il traite avec les chefs d'ateliers qui
embauchent les ouvriers et sont les vrais petits patrons
dans la circonstance.

Aussi, la corporation des tisseurs, l'élément le plus
important de l'Union corporative, est-elle un véritable
syndicat mixte réunissant 1,460 chefs d'ateliers et
3,500 à 4,000 ouvriers.

Je dis que cette corporation est l'élément essentiel de
l'Union, car c'est elle qui, contrebalançant l'influence
de deux autres syndicats de tisseurs, dont un nettement révolutionnaire, est parvenu, les années dernières,
à paralyser les efforts des meneurs et à faire échouer
la plupart des grèves qu'ils auraient voulu susciter.

Lorsque la corporation des tisseurs fut fondée, en
1885, les prétentions des ouvriers lyonnais, sinon toutes
exagérées, du moins absolument inopportunes durant

une crise de complet marasme de l'industrie des soies, avaient déjà déterminé l'émigration d'un grand nombre de métiers dans les campagnes avoisinantes.

Les statuts de la corporation des tisseurs témoignent de la préoccupation d'arrêter cette fatale émigration en modérant les revendications imprudentes, et en rendant la confiance aux fabricants.

L'article 6 dispose : « La corporation s'interdit tout moyen violent coercitif pour la défense de ses droits, le relèvement des salaires qu'elle poursuivra d'abord et toujours par la voie de la conciliation, et, s'il y a lieu, par les moyens légaux. »

Et l'art. 26 ajoute : « Toutes conventions de tarifs pour les façons, établies d'un commun accord entre la commission des fabricants et celle des syndicats ouvriers, devront être respectées par tous les membres de la corporation. »

La corporation est restée absolument fidèle à ce programme. Elle a tout fait, depuis sa création, pour éviter les conflits violents et les grèves ; et si, lors de la grande crise du tissage lyonnais en 1894, elle ne put empêcher la cessation de travail momentanée des compagnons, du moins ses membres contribuèrent-ils puissamment à maintenir le mouvement dans un cercle exclusivement économique et à hâter sa solution amiable (1).

_____

(1) « Le mouvement gréviste (dit le compte rendu d'une com-

On voit quels résultats peuvent obtenir les syndicats mixtes au point de vue de la pacification des esprits et de l'amélioration des rapports entre employeurs et employés. — Ces résultats ne s'obtiennent pas par la contrainte et par les menaces, mais au contraire par la libre adhésion et la discussion des intérêts de chacun, sur le pied de l'égalité et de la bonne familiarité. Rien n'est plus opposé au but poursuivi par les syndicats mixtes que l'esprit d'oppression et d'obscurantisme ; et les corporations les plus prospères sont celles où les questions professionnelles sont étudiées le plus libre-

munication de M. J.-B. GUISE à la Société catholique d'économie sociale, groupe lyonnais, séance du 25 nov. 1895) présentait un caractère particulier : il avait été suscité et dirigé par les ouvriers tisseurs qu'on appelle en langage de métier *compagnons*. On sait que ce sont des ouvriers travaillant chez les chefs d'atelier, lesquels possèdent un certain nombre de métiers à bras, deux, trois ou quatre, rarement davantage. Ils actionnent un métier et, pour leur salaire, reçoivent généralement la moitié du prix de façon qui est payé par le fabricant au chef d'atelier. Les compagnons, aujourd'hui du moins, forment une classe composée en grande partie de nomades, dont quelques-uns sont sans famille, n'ayant jamais eu la pensée ou les moyens de s'en créer une. » Cette classe, d'ailleurs, diminue de jour en jour sous l'influence de plusieurs causes dont la plus importante est la disparition regrettable de l'apprentissage.

La corporation des tisseurs, en vraie corporation, s'est efforcée de remédier à ces divers inconvénients. Elle a pour but, dit l'art. 4 de ses statuts : « ...... 6° de rétablir la vie de famille qui existait autrefois dans l'atelier, c'est-à-dire que l'ouvrier compagnon y soit

ment et le plus impartialement. Rien n'est plus propre
à former l'esprit de l'ouvrier, membre de syndicat
mixte, que les *Cercles d'études sociales* du genre de
celui qui fonctionne depuis plusieurs années dans la
Corporation Saint-Éloi de Lille, et où sont traités
les sujets intéressant le plus directement les travailleurs, par ces travailleurs eux-mêmes, en dehors de
toute intervention patronale, dans un esprit de paix et
de vérité.

Nous avons ainsi résumé les divers services profes-

attaché à demeure fixe, comme nourriture et logement ; 7º de
former de bons apprentis qui plus tard deviennent des ouvriers
suivant les désirs et vœux de la corporation. » A cet effet : art. 18,
« tout ouvrier attaché à un chef d'atelier faisant partie de la corporation et qui sera resté quatre années consécutives dans le même
atelier comme compagnon et aura accepté la nourriture et le logement, participé en un mot à la vie de famille et aura une conduite
irréprochable, recevra une prime en argent dont le montant sera
fixé par le conseil d'administration. » De même, art. 19 : « Tout
apprenti jouira de la même faveur si, après son temps fini, il reste
attaché à l'atelier où il a fait son apprentissage en qualité d'ouvrier l'espace de deux années consécutives, aux mêmes clauses que
l'ouvrier. »

La corporation s'est aussi préoccupée de fournir, à titre de location et sur sa demande, à tout chef d'atelier faisant partie de
l'association, les ustensiles nécessaires à tout travail de tissage qui
lui est confié. Dans le but de constituer le premier fonds d'établissement pour l'achat de ces ustensiles, la corporation a émis des
parts coopératives de 50 fr. rapportant 4 % d'intérêt annuel.

sionnels, économiques, moraux et sociaux que peut rendre, dans les métiers, l'association mixte ; et nous avons vu, au fur et à mesure que nous les énumérions, qu'ils étaient effectivement procurés par des syndicats existants.

Ces syndicats sont malheureusement trop peu nombreux et trop peu développés encore. Il importerait de leur faire un peu de bonne réclame, car si les intéressés comprenaient mieux le bien que ces associations peuvent faire, nul doute qu'elles seraient beaucoup plus généralement pratiquées.

III

A la fin du chapitre second, alors que nous cherchions à délimiter le champ d'action du syndicat mixte, nous avons émis l'opinion que le commerce pourrait, lui aussi, tirer parti de cette institution. Ne trouvant à citer à l'appui de cette opinion, aucune tentative d'adaptation pratique, nous nous abstiendrons de consacrer des développements spéciaux aux divers modes théoriques d'utilisation du syndicat mixte par le commerce petit ou grand.

On nous permettra cependant quelques très brèves considérations générales.

Le petit commerce subit incontestablement, à l'heure actuelle, une crise d'où peut résulter sa quasi-dispa-

rition, ou, tout au moins, une diminution considérable
de son importance et la ruine de la plupart de ceux qui
le pratiquent.

Aujourd'hui, le consommateur est en proie à une
véritable frénésie de bon marché. Pour satisfaire cette
frénésie et baisser les prix de vente, le commerçant doit
obtenir la diminution des prix de revient par l'importance considérable de ses commandes, sinon les con-
sommateurs ligués entre eux font mieux encore, et
confondent prix de revient et prix de vente, par l'approvisionnement direct et la *suppression du parasitisme
des intermédiaires* : c'est la formule à l'ordre du jour.

Etreint entre les grands magasins d'une part, et les
sociétés coopératives de l'autre, le petit commerce,
désagrégé et divisé, agonise.

Comment parer à cette situation lamentable ? En répondant aux associations de capitalistes et de consom-
mateurs par l'association.

L'association coopérative des petits commerçants pour
l'approvisionnement et l'entrepôt des marchandises
qu'ils détaillent, permet l'achat en gros et le renouvellement fréquent de ces marchandises, et diminue dans
une large mesure les frais généraux.

Toutefois, cette association coopérative ne saurait
être féconde et durable que si elle est précédée et réa-
lisée par l'association corporative, celle-ci se donnant
préalablement pour but le réveil de l'esprit de corps, la
suppression des sottes rivalités et des concurrences dé-

loyales, et l'établissement de l'union et de l'entente cordiale, bases indispensables de toute action commune efficace. L'association corporative ne produira, d'ailleurs, tous ces résultats qu'à la condition d'être complète, c'est-à-dire de grouper tous les éléments de la profession et d'y rattacher fortement, par des avantages matériels et des liens moraux, l'employé de magasin trop enclin aujourd'hui à se désintéresser du bien général de la corporation, pour ne considérer que ce qui le concerne exclusivement.

Quant aux grands magasins, leur prospérité leur a, jusqu'à présent, servi d'égide ; mais le moment n'est pas loin, sans doute, où leur personnel formulera à son tour de nombreuses et pressantes revendications. Ce serait le fait de la simple prudence que de prendre les devants et de chercher dans l'association mixte un préservatif aux dissentiments entre directeurs et employés, par l'étude en commun et la réalisation progressive des améliorations de la situation réciproque de tous, et particulière de chacun.

CHAPITRE V

LE SYNDICAT MIXTE AGRICOLE (1).

SOMMAIRE : I. Le mouvement d'organisation professionnelle agricole né de la loi de 1884 a été une révélation. — Cause principale du succès rapide et de l'influence bienfaisante des syndicats agricoles : le caractère mixte, essence même de l'association rurale. — II. Tableau sommaire de l'état actuel : les syndicats grands et petits ; les unions départementales, régionales, centrale. — Organisation ; fonctionnement ; programme ; institutions annexes. — Les services matériels, économiques et sociaux rendus par les syndicats agricoles. — Leur rôle politique. Véritable représentation libre de l'agriculture française. — III. Les écueils à éviter : la crise coopérative. — Il faut démocratiser, décentraliser, dématérialiser les syndicats agricoles. — La meilleure circonscription. — La division des compétences : les commissions d'étude et de propagande.

(1) Bibliographie :

Cte DE ROCQUIGNY : *Les syndicats agricoles et le socialisme agraire.*

Comptes rendus des Congrès de Lyon (1894) et Angers (1895).

H. DE GAILHARD-BANCEL : *Petit manuel pratique des syndicats agricoles.*

I

Pour les populations agricoles qui, en notre fin de siècle, semblaient ne former, dans la société politique et économique, qu'un cinquième état aussi négligeable que négligé, le régime syndical n'a pas été une révolution, mais une *révélation* (1).

Et, pour l'ensemble du pays, cela a été aussi une véritable et bienfaisante surprise que « ce grand mouvement des syndicats agricoles », qualifié dernièrement par M. Kergall « le fait social capital du XIX⁰ siècle, le plus important fait social qui se soit produit depuis le mouvement communal du Moyen-Age dont il renoue la tradition..... l'avenir, et même le seul qui soit ouvert devant notre pays qui n'a le choix qu'entre la vie par l'association libre, ou bien la mort par le collectivisme (2). »

« En présence des difficultés nouvelles nées surtout de la transformation des méthodes d'exploitation de la terre, un sentiment nouveau, dit M. le comte de Rocquigny, s'est révélé un peu partout et presque à la même heure, parmi les populations rurales : le besoin de s'unir pour solidariser des efforts dirigés vers un but

(1) Chanoine DEHON, *Manuel social chrétien*, p. 105.
(2) *Démocratie rurale* du 16 fév. 1896.

commun, pour développer l'initiative privée et la rendre plus efficace au moyen de l'aide mutuelle. — Lorsqu'une industrie prospère, l'individualisme est assez naturel aux hommes dont elle suffit à assurer l'existence ; mais, viennent les épreuves, l'utilité de l'association se fait immédiatement sentir, car, seule, elle donne aux individualités la puissance indispensable pour lutter et vaincre (1). »

Nous avons déjà eu l'occasion de constater avec quel entrain les agriculteurs s'étaient emparés de la loi de 1884, et comment les syndicats agricoles s'étaient immédiatement multipliés et développés.

Depuis douze ans, un admirable mouvement d'organisation professionnelle s'est produit dans les milieux ruraux : propriétaires terriens et travailleurs des champs ont su faire un si bon usage de l'instrument que leur fournissait la loi nouvelle, qu'ils sont arrivés à former une véritable et permanente représentation de l'agriculture. Actuellement, et pour parler en chiffres ronds, les agriculteurs sont groupés sur tout le territoire métropolitain et des colonies, en environ 1,800 syndicats réunissant plus de 800,000 membres, et se répartissant en une vingtaine d'unions départementales ou régionales, un tiers d'entre eux faisant partie, en outre, d'une fédération centrale : *l'Union des Syndicats des Agri-*

_____

(1) Cte DE ROCQUIGNY, *La coopération agricole à l'étranger*, *Correspondant* du 10 fév. 1896, p. 566.

culteurs de France, véritable organe représentatif embryonnaire de l'agriculture nationale.

A quelle cause peut-on attribuer ce remarquable essor des associations professionnelles agricoles, devenues si rapidement « un puissant levier d'émancipation économique, d'union et de progrès (1) ? »

On peut l'attribuer à ce fait que, « sans dessein pré- « médité, par la force des choses, les syndicats agri- « coles sont, en réalité, des syndicats mixtes. »

« En agriculture, la limite qui sépare le patron de l'ouvrier n'est pas apparente comme dans l'industrie.— Entre le simple journalier agricole et le simple propriétaire, vous trouverez une série si complète et si bien graduée de positions mixtes, qu'il devient impossible de fixer le point précis où la situation change et où les intérêts peuvent diverger. Le capital et le travail sont si intimement unis, leurs intérêts sont si étroitement mêlés, que l'antagonisme devient impossible et que les efforts de tous tendent naturellement au même but.

De leur composition même découle ainsi le grand rôle social des syndicats agricoles; leur action incessante pour la paix et l'union (2) », et aussi leur prodigieux succès.

Tout a été dit déjà, d'une manière complète et par-

---

(1) H. Le Trésor de la Rocque, Préface des *Syndicats agricoles* de M. de Rocquigny.

(2) E. Gréa, Congrès national des syndicats agricoles de Lyon, 1894, 1er rapport. — *Compte rendu*, page 27.

faite sur l'organisation, le fonctionnement, le caractère
des syndicats agricoles et des unions de ces syndicats ;
sur leur rôle professionnel, économique et social, et
sur leurs institutions annexes, dans l'ouvrage si docu-
menté et si suggestif de M. le comte de Rocquigny.

Nous n'aurons donc guère, dans le paragraphe suivant, qu'à en résumer les indications les plus importantes en les mettant au courant des récentes statistiques, et, afin de ne pas abuser des redites, nous renver-
rons, pour tous détails, à cette étude si consciencieuse
et si intéressante.

II

Les documents réunis par l'Office du travail accu-
saient 5 syndicats agricoles en 1884, 39 en 1885, 93 en
1886, 214 en 1887, 461 en 1888, 577 en 1889, 648 en
1890, 750 en 1891, 863 en 1892, 952 en 1893, 1,093 en
1894, et enfin 1,188 en 1895.

La progression semble assez régulière.

Mais les données officielles sont loin d'être complètes,
et M. de Rocquigny estimait, en 1893, qu'on pouvait
évaluer à 1,300 le nombre des syndicats agricoles. Ce
total ne peut pas être porté à moins de 1,500 en 1896.
De même, le chiffre des adhérents, fixé par l'*Annuaire*
de 1895 à 398,048, est absolument insuffisant. Il est basé,
pour la plupart des cas, sur la déclaration du nombre de

ses membres, faite par chaque syndicat au jour du dépôt de ses statuts ; or, ce nombre initial double, triple, décuple par la suite, et souvent très rapidement, à tel point que le chiffre de 800,000 syndiqués est certainement au-dessous de la vérité.

Les syndicats agricoles sont répandus actuellement sur toute la surface de la France et de l'Algérie ; mais leur répartition est très inégale. L'Indre-et-Loire en contient plus de quatre-vingts ; d'autres départements, au contraire, n'en ont vu se créer que peu encore.

Ils sont d'ailleurs d'importance très variable ; à vaste ou restreinte circonscription, considérables ou modestes. Il en est de communaux, de paroissiaux, de cantonaux, d'arrondissement, de département ; quelques-uns même outrepassent les limites départementales.

La grande efflorescence des associations rurales, produit spontané d'une période de crise aigüe, qui faisait sentir impérieusement aux agriculteurs la nécessité et les avantages de l'union, s'est manifestée tout d'abord sous les aspects les plus divers, suivant les circonstances locales et sans aucune uniformité. Aussi, la première période de tâtonnements passée, les initiateurs du mouvement éprouvèrent-ils le besoin de coordonner un peu leurs efforts et de faire profiter tout le monde de l'expérience acquise par chacun à ses dépens.

Au début, un grand nombre de fondateurs de syndicats, n'écoutant que leur dévouement à l'agriculture et leur désir de lui venir en aide dans la plus large

mesure possible, avaient cherché à donner à leurs associations le champ le plus vaste et à leur faire embrasser des circonscriptions étendues : département ou
arrondissement.

A côté de ces initiatives hardies, il s'en était produit
de plus timides, limitées dans le cercle étroit de la commune ou de la paroisse. Au bout d'un certain temps,
les grands syndicats reconnaissaient assez généralement
qu'ils n'avaient groupé qu'un état-major, sans atteindre
la masse agricole ; et les petites associations, mieux à
la portée de cette masse rurale, celle-ci embrigadée dans
leurs cadres restreints, se sentaient isolées et faibles.

De là devaient naître deux tendances en sens inverse,
destinées à aboutir à des résultats concordants. D'une
part, tendance des grands syndicats à se subdiviser en
sections plus directement en contact avec la masse à
entamer ; et d'autre part, tendance des petits syndicats
à se grouper, à se serrer les coudes dans des unions
servant à tous de point d'appui commun.

Tout, ainsi, inclinait à se régulariser et à s'équilibrer
peu à peu : les syndicats départementaux se décentrali-
sant en sous-groupes multipliés, et toutes les associations locales se fédérant en puissantes unions départementales quelquefois, régionales le plus souvent ; au
sommet, enfin, la grande Union centrale des syndicats,
fondée sous les auspices de la Société des Agriculteurs
de France, apparaissait comme destinée à couronner l'é-
difice et à en hiérarchiser les éléments.

Ces divers éléments de l'organisme professionnel, aux proportions imposantes que nous venons de décrire, sont constitués aujourd'hui à peu près sur le même modèle. Ils sont tous, à de très rares exceptions près, essentiellement mixtes dans leur recrutement. Grands propriétaires fonciers, fermiers, régisseurs, petits propriétaires ruraux, métayers, employés de culture, vignerons, simples journaliers agricoles en font partie au même titre.

Beaucoup « n'ont voulu aucune différence entre leurs membres et n'admettent qu'une cotisation uniforme pour tous (1) » et une représentation en bloc.

D'autres distinguent plusieurs sortes de membres, payant des droits gradués ; quelques-uns pratiquent la représentation par catégories de syndiqués comme sauvegardant plus sûrement les intérêts de chacun (2).

---

(1) E. Gréa, loc. cit.

(2) Entre autres, le syndicat cantonal de Cintegabelle (Haute-Garonne) et les syndicats si florissants des jardiniers de Paris et de Nantes (Corporations Saint-Fiacre). De même aussi, les syndicats affiliés à l'*Union de Normandie*. Celle-ci embrasse les cinq départements normands ; « son assemblée générale a été organisée de façon à réaliser le mieux possible la représentation professionnelle et à avoir le caractère d'une Chambre d'agriculture libre de la province. — Chacun des syndicats unis y est représenté par son président assisté de trois délégués par section cantonale : afin d'établir l'équilibre entre les divers syndicats de canton, d'arrondissement et de département, le canton a été pris comme unité représentative. — Les trois délégués cantonaux doivent, eux-

Quels avantages ont déjà procurés aux agriculteurs les syndicats, les unions et leurs institutions annexes, et quels services plus grands encore ils peuvent rendre par la suite, c'est là ce que l'on apprend dans les assemblées générales périodiques de ces associations ; notamment dans les réunions annuelles de l'Union des syndicats des Agriculteurs de France.

C'est aussi ce que l'on peut voir dans les comptes rendus des grandes assises que se sont mis à tenir régulièrement les délégués des syndicats (1).

Le programme suivant, adopté par le *Syndicat des Agriculteurs de l'Indre*, qui compte près de 4,000 membres, contient l'énumération assez complète des

mêmes, être recrutés dans chacun des éléments dont se compose le syndicat, c'est-à-dire parmi les propriétaires, les fermiers et les ouvriers. Il en résulte que chaque catégorie sociale trouve ainsi sa représentation propre. De plus, pour que le mandat soit défini, les délégués doivent être porteurs d'un cahier délibéré par leur association contenant les vœux, revendications et questions qui l'intéressent spécialement. » (Cte DE ROCQUIGNY, p. 83).

(1) Le premier congrès national des syndicats agricoles s'est tenu à *Lyon*, en août 1894, sous les auspices de l'*Union du Sud-Est*, la plus considérable et l'une des plus prospères parmi les unions régionales ; — en juin 1895, l'*Union de l'Ouest* recevait, à *Angers*, le deuxième congrès ; — le troisième s'est tenu, enfin, en juin 1896 à *Saint-Brieuc*, à l'occasion du premier grand concours régional libre organisé, pour les cinq départements de la Bretagne, en dehors de toute participation de l'Etat, et qui a obtenu un éclatant succès. — L'*Union du Centre* se propose de réunir en 1897, à *Orléans*, le quatrième congrès.

buts multiples que peuvent se proposer les syndicats agricoles.

« Le syndicat a pour objet général l'étude et la défense des intérêts économiques agricoles, et pour but spécial :

1° D'examiner et de présenter toutes réformes législatives ou autres, toutes mesures économiques, de les soutenir auprès des pouvoirs publics et d'en réclamer la réalisation, notamment en ce qui concerne les charges qui pèsent sur la propriété foncière, les tarifs de chemins de fer, les traités de commerce, les tarifs douaniers, les octrois, les droits de places dans les foires et marchés, etc... ;

2° De provoquer et favoriser des essais de culture, d'engrais, de machines et instruments perfectionnés et de tous autres moyens propres à faciliter le travail, réduire les prix de revient et augmenter la production ;

3° De propager l'enseignement agricole et les notions professionnelles, tant par des cours, conférences, distributions de brochures, installations de bibliothèques, que par tous autres moyens ;

4° D'encourager, de créer et administrer des institutions économiques, telles que sociétés de crédit agricole, sociétés de production et de vente, caisses de secours mutuels, caisses de retraite, assurance contre les accidents, offices de renseignements pour les offres et demandes de produits, d'engrais, d'animaux, de semences, de machines et de travail ;

5° De servir d'intermédiaire pour la vente des produits agricoles et pour l'acquisition d'engrais , de semences, d'instruments, d'animaux et de toutes matières premières ou fabriquées utiles à l'agriculture, de manière à faire profiter ses membres des remises qu'il obtiendra ;

6° De surveiller les livraisons faites aux membres du syndicat ou effectuées par eux, pour en assurer la loyauté et réprimer les fraudes ;

7° De donner des avis et des consultations sur tout ce qui concerne la profession agricole, de fournir des arbitres et experts pour la solution des questions rurales litigieuses. »

Il convient de reprendre cette nomenclature dans un ordre plus logique.

Les syndicats agricoles peuvent rendre d'abord à leurs membres des services d'ordre professionnel : développement de l'enseignement agricole, diffusion des nouvelles méthodes de culture, établissement de champs d'expériences, etc... Ils y ajoutent d'innombrables services économiques : achats de toutes les matières et objets utiles à l'agriculture : engrais, semences, instruments agricoles (1) ; c'est là un des avantages le plus facilement appréciable et le plus généralement compris

_____

(1) Les syndicats peuvent acheter les instruments agricoles *pour leur propre compte* et les mettre à la disposition de leurs membres moyennant une modeste indemnité, ou gratuitement lorsque le

de l'association syndicale. — Les syndicats ont tenté aussi avec succès la vente des produits agricoles *spéciaux* : la vente coopérative, sur une grande échelle, de tous les produits agricoles, ressortit plus utilement de l'initiative des unions (1), car elle présente des difficultés matérielles très considérables.

Mais les syndicats ont à remplir une mission plus élevée que celle de courtier de vente ou d'achat. « Là ne doit pas se borner leur action ; le rôle bienfaisant qu'ils jouent dans la crise agricole, ils doivent le jouer aussi dans la crise sociale qui menace notre pays. Leur ambition doit être de devenir, dans la lutte des classes, les agents de la réconciliation et de la paix sociale ; de rechercher, pour les appliquer, les moyens de retenir aux champs les jeunes générations qui ne songent qu'à les quitter ; et, après avoir si bien servi l'intérêt de ceux qui possèdent, d'aller au-devant des travailleurs des champs qui ne possèdent pas, ou qui possèdent si peu qu'ils ne voient pour eux aucun intérêt à entrer dans un syndicat ; de tendre la main à ces déshérités,

---

prix d'achat se trouve amorti. Cette location, ou plus proprement cet usage consenti contre indemnité, aux seuls sociétaires, c'est-à-dire aux seuls *co-propriétaires* des instruments, ne saurait servir de base à la perception d'un droit de patente.

(1) Les unions ne peuvent d'ailleurs la pratiquer directement, parce qu'elles n'ont pas la personnalité civile, lacune regrettable de la loi de 1884 ; elles y suppléent par la création de sociétés coopératives indépendantes.

de leur ouvrir largement leurs portes et de fonder des institutions dont les avantages leur apparaissent et les attirent (1). »

« Pour arriver à l'assistance, le but de nos efforts, disait naguère M. E. Duport, président de l'*Union du Sud-Est*, il faut marcher sans précipitation, mais aussi sans faiblesse. Je n'hésite pas à penser que nous devons, pour cela, aborder franchement la coopération d'abord, le crédit et l'assurance ensuite, véritables étapes de notre route..... L'assurance, cette forme de la mutualité dont nos associations sont également sorties, viendra nous permettre, en augmentant nos ressources, de donner une base solide à l'assistance dans nos campagnes. »

Les œuvres d'assistance proprement dite, organisées par les syndicats agricoles, ne sont pas encore très nombreuses. Trop peu d'associations rurales se sont doublées de sociétés de secours mutuel fournissant à leurs adhérents, en cas de maladie, d'accident, le service médical gratuit, une indemnité pécuniaire, ou le secours en travail. Trop peu, aussi, s'occupent du placement pour lequel les unions pourraient rendre de si grands services.

En revanche, le côté assurance a été beaucoup moins négligé : soit que les syndicats aient obtenu des com-

---

(1) H. DE GAILHARD-BANCEL, *Compte rendu du Congrès de Lyon*, p. 76.

pagnies existantes, en groupant les risques, des conditions exceptionnellement favorables , d'importantes
remises ou des tarifs spéciaux (grêle, incendie, accidents du travail agricole) ; soient qu'ils aient établi
eux-mêmes des caisses d'assurance mutuelle (mortalité
du bétail).

Les institutions de crédit agricole se sont aussi singulièrement multipliées, depuis quelques années, sous l'impulsion des syndicats (1), dont plusieurs procurent, en
outre, à leurs membres le warrantage de leurs récoltes.

A côté des services d'ordre économique, les syndicats ont encore pourvu aux services d'ordre social et
ont contribué à résoudre pacifiquement, par leur arbitrage, bien des difficultés, bien des litiges.

Enfin, dans l'ordre politique pris, non dans le sens
de la lutte des partis (2), mais dans celui de la repré-

---

(1) La loi du 5 mars 1894 est venue autoriser la création de
sociétés de crédit agricole intimement liées aux syndicats. D'autre
part, plus de 500 caisses rurales, système Raiffeisen-Durand, adhérentes à l'*Union des caisses rurales et ouvrières à responsabilité
illimitée* (97, avenue de Saxe, Lyon) ont surgi depuis trois ans un
peu dans toute la France. — Quelques groupes départementaux ou
régionaux de ces caisses témoignent déjà d'une grande vitalité.

(2) « Vous avez, Messieurs, avec juste raison, disait le président
de l'*Union de la Côte d'Or*, écarté de votre œuvre la politique,
cette harpie du jour, qui salit ce qu'elle touche, parce que vous
voulez marcher librement à la conquête des réformes économiques
et sociales qui intéressent à un si haut point le relèvement de
l'agriculture et l'amélioration du sort des cultivateurs. »

sentation professionnelle et de la défense des intérêts agricoles devant les pouvoirs publics, les syndicats ont déjà su prendre une situation prépondérante et respectée. Plus d'une fois, ils se sont faits les interprètes des revendications de la terre et des cultivateurs, et ils ont su les faire entendre et les faire aboutir.

C'est là une des formes sous lesquelles l'utilité des unions se fait le plus aisément sentir. On conçoit sans peine, en effet, l'autorité que revêt, auprès des Assemblées représentatives, une démarche de l'Union des Syndicats des Agriculteurs de France, fédération légalement établie de plus de 500 syndicats agricoles groupant 500,000 agriculteurs.

Ce n'est pas seulement, d'ailleurs, auprès des Chambres, mais c'est aussi auprès des administrations financières, des Compagnies de transport, etc. que les unions peuvent efficacement poursuivre la satisfaction des intérêts agricoles.

Ainsi donc les agriculteurs ont bien compris les ressources que leur offrait la loi du 21 mars 1884 ; à la différence de la masse des patrons et ouvriers de l'industrie, ils ont su en user avec discernement, et ils sont arrivés à se pourvoir spontanément, et sans intervention externe, d'une organisation professionnelle libre, complète et hiérarchisée, par le fonctionnement normal d'associations véritablement et intégralement corporatives.

Cette organisation à trois degrés, avec ses syndicats

locaux, ses unions régionales (1), et finalement son groupement central, constitue une représentation professionnelle de compétence indéniable, de valeur éprouvée et suffisante pour que la Société des Agriculteurs de France ait estimé, dans sa dernière session, ne pas devoir en réclamer d'autre pour l'agriculture aux pouvoirs publics.

Mais, pour que les syndicats agricoles soient jugés dignes de devenir un jour les organes officiels de l'agriculture française, il faut qu'ils demeurent fidèles aux principes essentiels et fondamentaux qui ont présidé à leurs débuts.

(1) La formation des unions régionales de syndicats agricoles remonte au mouvement de décentralisation provinciale inauguré par les assemblées commémoratives du centenaire de la Révolution, tenues en 1888 à Romans (Drôme) et en 1889 dans dix-sept autres provinces, et clôturées par une assemblée générale des délégués des dix-huit assemblées provinciales à Paris, les 14, 15 et 16 juin 1889, sous la présidence du comte Albert de Mun. Cette dernière assemblée élabora un programme complet de décentralisation, basé sur l'organisation professionnelle et la représentation spontanée des associations ; et c'est ce programme que les promoteurs des unions de syndicats agricoles cherchèrent à appliquer immédiatement à l'agriculture. — Une union de syndicats ne peut pas faire partie d'une Union plus large ; mais les syndicats eux-mêmes peuvent appartenir à plusieurs unions, et la plupart usent de cette faculté en s'affiliant à la fois à l'union régionale et à l'Union des Syndicats des Agriculteurs de France. Il a été créé au sein de cette dernière une *Commission des Unions régionales* dont font partie tous les présidents de ces unions.

Or, à côté de motifs plus nombreux de confiance et
d'espoir, se font jour quelques raisons de craindre, et,
parallèlement aux principes de perfectionnement et
de progrès, se dégagent des menaces de piétinement et
de recul.

De ces menaces, qu'il est préférable de ne pas taire,
nous voudrions maintenant tirer l'enseignement qu'elles
comportent et la tactique appropriée pour en conjurer
la réalisation.

III

Aux syndicats agricoles naissants s'imposait, nous
venons de le voir, un vaste programme de revendications et de réformes.

« En face de notre centralisation politique exagérée,
des abus de la règlementation administrative, des empiètements de l'État, de l'émiettement des forces vives
du pays ; ..... contre l'accaparement et les spéculations
du commerce, contre l'exploitation des intermédiaires,
contre la concurrence nouvelle des producteurs du
monde entier; » en présence enfin de l'abandon des campagnes, de l'ignorance et de la routine, il fallait prendre
en main la cause du relèvement de l'agriculture, du ra-
jeunissement des procédés d'exploitation de la terre et
de ses dérivés, de l'étude et de la défense des intérêts
professionnels, de l'organisation et de la représentation
agricoles,

Mais, avant toute autre chose, il importait de recruter des membres aux associations nouvelles ; et pour les attirer, pour forcer leur adhésion, les initiateurs agricoles se virent, comme les fondateurs de syndicats mixtes industriels, contraints d'offrir tout d'abord des avantages matériels immédiats et palpables à leurs associés.

Aussi, « le but pratique... qui valut à la plupart des syndicats agricoles de si nombreuses adhésions, fut la facilité évidente qu'ils offraient pour acheter en commun, avec économie et garantie de dosage, les engrais du commerce. »

Les syndicats agricoles, d'ailleurs, — nous l'indiquions tout à l'heure — ne devaient pas sitôt s'arrêter dans la voie des services matériels palpables : « Après avoir commencé par acheter en commun les engrais, il voulurent acheter aussi, d'après les mêmes principes, les machines agricoles, les semences, les matières utilisées pour l'alimentation du bétail, les produits employés par la viticulture, enfin toutes les marchandises nécessaires à l'exploitation de la terre » (1) et souvent, les denrées de consommation quelconque.

Cette partie commerciale du rôle des syndicats ne peut être utilement remplie que si les personnes qui s'y adonnent y consacrent toute leur attention, toute leur intelligence. Elle a vite fait d'absorber toute l'activité et les facultés des fondateurs de syndicats, au risque de

(1) Cᵗᵉ DE ROCQUIGNY, pages 14, 15, 11, 12, etc.

leur faire perdre de vue le but supérieur de ces associations : l'étude des intérêts professionnels, l'assistance
mutuelle, le relèvement du niveau moral des associés.

Et puis, plus les affaires traitées sont nombreuses
et importantes, plus les prix obtenus sont avantageux
et moins élevé se chiffre la part contributive des frais
généraux afférente à chaque opération. — De là, chez
les associations qui développent leurs services de
courtage, une tendance à élargir leur sphère d'action
et à préférer le gros client aux petits adhérents qui
n'apportent que de faibles commandes.

Seulement, le syndicat ainsi matérialisé dans ses services, hypertrophié dans son rayonnement et sélec-
tionné dans son recrutement, ne répond plus à la saine
conception de l'association mixte. — Les petits, pour
lesquels surtout sont appréciables les avantages de
l'union, ne sont plus appelés à en bénéficier ; l'intimité
familiale n'existe plus dans ces vastes entreprises qui
ressemblent à de grandes administrations centralisées ;
et, surtout, le but moral et social de l'institution dispa-
raît de l'horizon rétréci dans lequel se meut la grande
machine commerciale.

Or il n'est point du tout indifférent que les syndicats
agricoles restent ou ne restent pas, ce qu'ils doivent
être, c'est-à-dire des groupements professionnels inté-
graux, d'union et d'entente cordiale ; car, s'ils sortent
de cette voie, loin d'être utiles, ils deviennent nuisibles
et dangereux.

Créer des syndicats exclusivement réservés à l'aristocratie foncière, aux gros propriétaires, fermiers ou régisseurs, « c'est provoquer la formation de syndicats d'ouvriers agricoles opposés aux premiers, c'est partager l'agriculture en deux armées hostiles, organiser la guerre et non la paix (1) ».

C'est ce qui est arrivé déjà, notamment dans le Cher, l'Allier, la Côte-d'Or, le Loiret et la Nièvre (2).

---

(1) Cte DE ROCQUIGNY, p. 21 et 22.

(2) On lit dans la *Réforme sociale* du 1er juin 1895 (p. 877), comme annexe à la séance du 23 mars de la Société d'économie sociale (sur le socialisme agraire), la lettre suivante de M. DE ROCQUIGNY :

« Les syndicats agricoles *ouvriers* nés dans le Cher à l'occasion de la grève des bûcherons ont commencé à se répandre dans d'autres départements ; je vous remets ci-joint un relevé qui pourra vous intéresser :

Syndicats ouvriers de bûcherons et ouvriers des bois, ouvriers agricoles, terrassiers, tâcherons et journaliers (non compris les syndicats d'ouvriers jardiniers) relevés, au 1er juillet 1894, sur l'*Annuaire des Syndicats professionnels* :

Allier.	1
Ardennes.	1
Cher	30
Côte-d'Or.	7
Hérault.	1
Loir-et-Cher	1
Loiret	10
Nièvre	14

Total. . . . . 65 syndicats agricoles ouvriers connus de l'administration au 1er juillet 1894, et sans préjudice de

Tous les Syndicats agricoles, particulièrement ceux
à circonscription un peu étendue, n'ont pas su assez
éviter les déviations que nous venons de signaler.

Au Congrès d'Angers, comme au Congrès de Lyon,
l'on vit se produire et se heurter les deux tendances
opposées de ceux qui envisagent surtout, dans l'association syndicale, le développement, l'extension des
affaires commerciales, et de ceux qui, au contraire, re-
cherchent avant tout le perfectionnement de l'institution et l'accroissement des services rendus, tant au
point de vue moral, qu'au point de vue économique.

Heureusement il s'est toujours trouvé une majorité

ceux qui ont pu se former irrégulièrement (sans dépôt de leurs
statuts). »

Puis M. de Rocquigny cite quelques chiffres pour donner une
idée de l'importance de ces syndicats : sept dans le Cher et cinq
dans la Nièvre comptent plus de 200 membres.

« Je crois, continue-t-il, de plus en plus, que c'est le syndicat agricole mixte qui pourra mettre un obstacle à la création de syndicats
agricoles ouvriers, qui figure dans le programme de tous les congrès socialistes, et arrêter le développement du socialisme agraire.
Mais il faut que les syndicats agricoles deviennent de véritables
institutions de progrès économique et social ; qu'ils franchissent
les limites actuelles de leur action un peu trop terre à terre et
qu'ils s'efforcent d'organiser directement ou indirectement la coopération de production et de consommation, le crédit agricole,
la prévoyance et l'assistance, car c'est ainsi seulement qu'ils pourront grouper autour d'eux, par les services rendus, les petits cultivateurs et les ouvriers ruraux, en les arrachant aux séductions du
programme collectiviste. »

considérable pour affirmer qu'il importait de démocratiser, de décentraliser et de dématérialiser, de plus en plus, les associations rurales.

« Il faut, disait M. le comte de Saint-Pol au Congrès de Lyon, il faut démocratiser les syndicats agricoles pour arriver à prouver aux ruraux qu'ils ne forment qu'une vaste famille ayant des intérêts solidaires ».

Et, à cet effet, il proposait les conclusions suivantes à son rapport : « 1° Que les circonscriptions syndicales par excellence sont les circonscriptions de communes, de cantons ou d'arrondissements, selon les régions ; la création d'unions devant leur donner l'impulsion et l'appui nécessaires.

2° Que les syndicats départementaux existants peuvent rendre les mêmes services en multipliant le plus possible leurs sections par arrondissement, canton, commune ; mais que partout où il n'y a pas de syndicats départementaux, il n'y a pas lieu d'en créer (1) ».

M. de Rocquigny se prononce, à ce point de vue, pour les syndicats de canton.

« Les syndicats départementaux, dit-il (2), représentent une force considérable soit pour les institutions relatives aux intérêts économiques, soit pour la diffusion des bonnes méthodes culturales et la fondation d'institutions annexes. Mais le bien que l'association syndi-

(1) Compte rendu, p. 34.
(2) Cᵗᵉ DE ROCQUIGNY, p. 19.

cale a pour but d'établir entre ses membres y existe à
peine ; ils ne se connaissent pas, ne peuvent se fréquen-
ter et n'entretiennent que des rapports en quelque
sorte administratifs avec le bureau de leur association.

Dans les syndicats locaux, au contraire, les agriculteurs se connaissent, se rencontrent à chaque instant, se
sentent les coudes....... ; ils ont des besoins identiques auxquels il est possible de trouver une satisfaction
commune. Ce sont là les meilleures conditions pour
organiser un groupement professionnel, pour faire naître le sentiment de la solidarité qui est la base de toute
corporation. »

M. de Villeneuve-Trans, président de l'*Union des
Alpes et de Provence*, préfère, lui, la circonscription de
commune.

Rendant compte, à l'assemblée générale de l'Union du
22 décembre 1895, d'une tournée de propagande et
d'encouragement aux Syndicats affiliés, il conclut :
« Nos visites à nos associations rurales nous affermissent
de plus en plus dans la conviction que le syndicat
communal est celui qui, dans la plupart des cas, se
prête le mieux à l'entente, au sujet des intérêts agricoles,
à la satisfaction de ces intérêts, à la création des institutions de crédit et d'assurance. »

A cet avis se range aussi M. Dubois, directeur du
Tourangeau, et grand propagateur de l'action syndicale. Il constate que la tendance est actuellement aux

syndicats communaux. Dans le seul département d'Indre-et-Loire, il s'en est récemment fondé près de quatre-
vingts ; et ces petits syndicats, affirme M. Dubois, tout
en rendant des services matériels considérables, produisent, au point de vue social, des effets plus merveilleux
encore : rapprochement des classes rurales, rétablissement de la paix sociale dans les campagnes, diminution
des divisions politiques, etc. Les syndicats sont encore
pour la démocratie rurale un moyen d'éducation qui la
forme à la gestion d'intérêts collectifs plus importants (1).

C'est en définitive cette circonscription communale
que nous croyons pouvoir indiquer nous-même, comme
la meilleure et la plus essentiellement familiale.

Le seul grief important que l'on ait élevé contre elle,
c'est que ce groupement restreint ne donnerait pas
les mêmes facilités qu'une association plus importante,
pour les transactions commerciales. Or, cela ne paraît
pas suffisamment prouvé en fait.

Les commerçants font fort peu de différence entre le
gros et le *très gros* acheteur ; et les conditions obtenues
par un petit syndicat sont, la plupart du temps, aussi
favorables que celles faites aux plus puissantes associations, au moins pour les matières d'un usage courant. — Quelquefois même, le petit syndicat peut
livrer à ses adhérents à des prix encore plus bas que
les autres, parce que ces prix ne supportent aucune ma-

(1) *Réforme sociale* du 1er juillet 1896, p. 79.

joration représentative de frais généraux ; cette majo-
ration, les grands syndicats organisés administrative-
ment la prélèvent, au contraire, très généralement ; et
très généralement aussi la légitimité en paraît douteuse
à l'esprit aisément soupçonneux des paysans.

Pour les denrées moins usuelles dont ils auraient de la
peine à s'approvisionner directement, les petits syndicats
ont derrière eux les unions et les sociétés coopératives.

Quels qu'ils soient, d'ailleurs, grands ou petits, les
syndicats ont tout intérêt à se débarrasser le plus
qu'ils pourront dans l'avenir, sur ces sociétés, de leurs
opérations d'ordre purement matériel. Ces opérations
constituent, en effet, le domaine propre et exclusif des
institutions coopératives, tandis que le rôle des syndicats est bien plus complexe et plus relevé (1). Il im-

(1) Pour bien déterminer les attitudes réciproques que devraient
adopter vis-à-vis les uns des autres les syndicats agricoles, il nous
paraît utile de reproduire les réflexions suivantes de M. TANCRÈDE DE
HAUTEVILLE : « En présence de la campagne engagée par le commerce de détail contre la coopération proprement dite, les syndicats
agricoles ne sauraient prendre trop de soin de bien établir leur
situation vis-à-vis des sociétés coopératives qui sont nées de leur
initiative et qui doivent rester spéciales à leurs membres. Il est à
souhaiter surtout qu'ils s'appliquent à marquer bien nettement les
limites dans lesquelles doit se renfermer l'action de ces sociétés et
quel doit être l'objet spécial de leurs opérations.

Une coopérative annexée à un syndicat agricole doit-elle res-
sembler à toutes les coopératives et étendre ses affaires à toutes
les branches de commerce qui s'offrent devant elles, sans autre

porte même essentiellement de ne pas laisser s'accré-
diter de confusion à cet égard, et un des meilleurs
moyens de réagir efficacement contre la matérialisation

préoccupation que le bon marché dont elles espèrent faire profiter
leurs adhérents ?

Nous ne le pensons pas ; car ce serait sacrifier souvent à des
avantages problématiques la popularité nécessaire au syndicat
pour étendre son influence et exercer utilement son action. Entre
les petits commerçants de nos campagnes et les cultivateurs, il y a
des liens trop intimes pour que, en pareille matière, malgré
l'égoïsme régnant, la maxime de chacun pour soi soit pleinement
et facilement acceptée.

A l'origine du mouvement syndical, on a eu grandement raison
de se réclamer de l'idée coopérative pour faire toucher du doigt
aux cultivateurs l'utilité des syndicats. Il s'agissait, pour aller au
plus pressé, de soustraire l'agriculture aux agissements d'une spéculation dont le plus clair des bénéfices restait aux mains de certains intermédiaires souvent malhonnêtes et tout au moins inutiles.
La suppression de ces intermédiaires entre le fabricant et le consommateur a été un premier bienfait dont l'importance est aujourd'hui démontrée. Ce qu'on avait fait pour les matières fertili-
santes, pour les instruments agricoles, il était assez naturel et
tout au moins presque inévitable qu'on le tentât pour certains
produits moins spéciaux, mais pour lesquels la vente au prix du
gros présentait, en raison de leur usage général, de réels avantages
pour les ménages ouvriers.

En dehors de cela, la pente devenait glissante, et les syndicats
ont paru le comprendre lorsque, pour ne pas engager leur responsabilité dans des opérations qu'on ne pouvait pleinement soustraire
aux aléas du commerce, ils ont provoqué la création de sociétés
coopératives ayant leur organisation propre, leur administration
distincte de celle des syndicats et sans aucun lien légal avec eux.

Mais ces sociétés spécialement faites pour leurs membres, enga-

excessive des syndicats consiste précisément à discerner
les compétences, et à partager les attributions.

Plusieurs syndicats, comme celui de *Cintegabelle*

gent malgré tout, il faut le dire, la responsabilité morale des fondateurs du syndicat. Et c'est en raison de cela que, pour eux, le
devoir subsiste de ne point se désintéresser des conséquences que
pourraient avoir certains empiétements. En tant qu'elles sont considérées comme une annexe des syndicats agricoles, il semble que
les sociétés coopératives doivent s'appliquer principalement à faciliter aux membres des syndicats l'échange de leurs produits. S'il
s'agit encore des produits naturels ou fabriqués dont l'agriculture
fait usage, la coopérative remplira le même rôle que précédemment les syndicats, avec cette latitude particulière et cette facilité
d'acheter et de vendre pour son propre compte, qui résultent de
sa qualité de société commerciale.

Croit-on nécessaire d'aller au-delà et d'étendre à certaines données usuelles, à certains objets qu'on ne saurait considérer comme
des spécialités agricoles, la mission commerciale des coopératives
patronnées par nos syndicats?

S'il y a quelque avantage réel à le faire, faudrait-il au moins
que le petit commerce local fût mis à même de comprendre que
ce n'est pas lui dont l'existence peut être mise en jeu. Il n'est
donné en effet qu'au bien petit nombre de faire des provisions à
long terme, moyennant le paiement comptant. C'est ce qui expli-
que et nécessite le commerce de détail. Ce serait, d'ailleurs, une
étrange illusion de croire qu'en opérant sur de petites quantités
et sur des objets de même valeur, les coopératives puissent échap-
per à la loi qui oblige à en majorer les prix quand plusieurs personnes doivent s'entremettre pour le faire passer, des mains du
producteur ou du fabricant, dans celles de l'acheteur réel. Le plus
simple pour les coopératives qui voudront éviter les complications
et les frais de la vente au détail, ce sera de créer des dépôts aussi
multipliés que possible pour les articles les plus encombrants ou

(Haute-Garonne) et celui de *la Manche*, l'ont compris déjà et ont institué dans ce but, à côté de leurs organes d'administration plus ou moins absorbés par la gestion des services matériels, des *commissions permanentes d'étude et de propagande*, dont le rôle consiste à préparer la réalisation de nouveaux progrès dans le sens de l'enseignement professionnel, des assurances, du crédit rural, etc. (1).

ceux dont la vente ne peut s'effectuer que par quantités restreintes. Le dépositaire tout naturellement indiqué, n'est-ce pas le petit commerce local ? Et comment aurait-il à se plaindre, si les prix de la coopérative lui permettent, en faisant de meilleurs conditions à l'acheteur, de prélever un bénéfice au moins égal à celui qu'il obtenait antérieurement.

Plusieurs de nos syndicats, nous le savons, ont compris la nécessité de concilier de cette façon les légitimes intérêts du commerce local avec les avantages qu'ils veulent procurer à leurs adhérents.

La *coopérative de l'Ouest*, définitivement constituée le 1er février 1896, sous le patronage du *syndicat de l'Anjou*, tenant compte de ces observations, a voulu limiter nettement le cercle de ses opérations dans la teneur même de ses statuts et déclare avoir pour objet : 1o la vente des produits agricoles ; 2o l'achat des matières premières et objets dont les cultivateurs peuvent avoir besoin *pour leur exploitation*, etc... » (Journal *La Corporation*, nos des 22 février et 21 mars 1896).

A lire aussi, du même auteur, un très intéressant article sur *les syndicats agricoles : le présent et l'avenir*, (*Association catholique*, no du 15 décembre 1895).

(1) Si les syndicats agricoles n'entrent pas sans tarder dans cette voie, ils se verront supplanter par d'autres associations constituées sur une base plus large et soutenues par une plus étroite cohésion

Que tous les syndicats marchent ainsi résolument dans la voie de la démocratisation de leur personnel, de la décentralisation et de la dématérialisation de leurs services ; et, accentuant tous les jours davantage leur caractère d'associations mixtes, ils ressusciteront de la façon la plus heureuse, dans le milieu rural, « l'antique corporation, rajeunie, appropriée aux besoins des temps nouveaux, et toujours apte à faire produire au prin-

qui se fonderont à côté d'eux et prendront peu à peu leur place. C'est ainsi que, en présence de l'insuffisance d'un syndicat anciennement établi, un homme au cœur généreux et à l'esprit pratique, M. l'abbé Lemire, vient de créer, dans la circonscription qu'il représente à la Chambre, des institutions d'un type nouveau qu'il a nommées *Associations agricoles* et dont le succès a dépassé toutes les prévisions. L'arrondissement d'Hazebrouck, comme beaucoup d'autres arrondissements, a depuis longtemps un syndicat, lequel compte actuellement 230 membres ; mais ce syndicat, comme trop d'autres syndicats, fut spécialement établi pour faire participer les agriculteurs aux avantages de la coopération, soit pour l'achat des matières ou instruments utiles à l'exploitation de leurs terres, soit pour la vente de leurs produits. Les fondateurs des *associations agricoles* ont de l'association professionnelle une conception plus large, quant au personnel qu'elle doit englober et quant aux services qu'elle peut rendre.

Ils s'efforcent de grouper tous les hommes de la profession et de former ainsi une base solide pour y asseoir plus tard l'organisation et la représentation agricoles.

« Les associations fondées sous le nom de syndicats se sont, disent-ils, trop exclusivement occupées d'intérêts commerciaux. Elles avaient raison de s'en occuper, c'était urgent... Mais il ne faut pas qu'on oublie que l'association est un instrument de pro-

cipe généreux de la solidarité professionnelle (1) »
ses heureux fruits de prospérité économique et de paix
sociale.

grès à la fois moral, intellectuel et matériel. La majeure partie
des paysans ne peuvent s'unir pour vendre des betteraves (ils n'en
cultivent point tous), ni pour acheter des machines (ils ne s'en
servent point). Il faut donc des institutions plus larges et d'un but
plus élevé. »

Et alors sont énumérés tous les avantages qui doivent résulter
des associations agricoles : la force consciente et toute puissante
de l'union ; l'étude, la défense, la représentation des intérêts professionnels ; les progrès techniques ; l'arbitrage, l'assistance, l'assurance, le crédit par la mutualité, etc., etc.

Tout cela est parfait, sans doute, mais si de semblables associations se multipliaient, ce serait la disparition des syndicats
agricoles et la suppression de leur rôle social.

En effet, tous ces avantages ne sont qu'articles détachés du programme de ces syndicats sainement compris et pratiqués. Que
leur restera-t-il donc en partage, s'ils se laissent dérober ainsi leur
plus bel apanage ?

Il y a pour eux, on le voit, une question de vie ou de mort à
ne pas rester embourbés dans l'ornière coopérative et à se lancer
sans hésitation dans la voie de l'assistance, de l'assurance et de
l'étude des questions professionnelles, tant au point de vue des
dispositions légales (tarifs de douanes, d'octroi, de transport ;
questions d'impôt ; exemptions : entre autres, par exemple, privilège des bouilleurs de cru), qu'à celui des conventions privées
(taux des fermages, clauses des baux, etc.).

Sur les associations agricoles de la première circonscription
d'Hazebrouck, voir les articles de la *Démocratie chrétienne*, nᵒ de
nov. 1895, de la *Justice sociale* du 14 mars 1896 et de la *Corporation* du 28 mars 1896.

(1) Cᵗᵉ de ROCQUIGNY, p. 28.

CONCLUSION

—

Les résultats de l'expérience. — Que vaut le syndicat mixte ? — Les syndicats parallèles.

Réformes législatives désirables : Extension du droit de propriété immobilière des syndicats. — Personnalité civile accordée aux unions et droit pour une union de faire partie d'une union plus vaste. — Force obligatoire légale reconnue à certaines décisions des syndicats mixtes : la corporation privilégiée.

« Si l'association professionnelle, dit M. de Rocquigny (1), a produit jusqu'à ce jour, dans l'agriculture et dans l'industrie, des résultats si contraires, il faut bien l'avouer, c'est qu'elle y a été pratiquée avec des vues tout à fait divergentes : l'agriculture en a fait un instrument de progrès et de paix sociale, l'industrie en a fait une arme de guerre... Mais le jour où l'industrie, désabusée de la tactique des grèves, voudra, elle aussi, se donner des syndicats de progrès et d'union sous forme de syndicats mixtes de patrons et d'ouvriers, ces syndicats, développés dans la voie qui leur convient

---

(1) Cte de Rocquigny, page 8.

spécialement, pourront travailler efficacement à dissiper
les malentendus fondamentaux, à améliorer les rapports
entre le capital et le travail, à régler les conflits par
une bonne organisation de l'arbitrage, à favoriser enfin
le terme des revendications ouvrières, c'est-à-dire la
participation des ouvriers aux bénéfices, et leur accession à la propriété. »

Cette page pourrait clore notre étude.

Successivement, nous avons essayé de déterminer les
caractères distinctifs du syndicat mixte ; puis, nous
avons exposé aussi exactement, aussi impartialement
que possible, les résultats obtenus jusqu'ici, là où l'expérience de ce genre d'association a été tentée.

Nous avons constaté qu'il était pratiqué avec succès
dans la grande industrie, en dépit des obstacles et de
conditions particulièrement défavorables, mais que ces
essais étaient trop récents et trop peu nombreux pour
être considérés comme définitivement concluants. —
Nous avons vu encore que les tentatives plus multipliées dans les métiers, y avaient eu des fortunes
diverses, et nous avons cherché à démêler les causes
des réussites et des échecs. — Au passage, nous avons
noté que le commerce n'avait tiré, jusqu'à présent,
aucun parti de l'association mixte. — Enfin, nous avons
mentionné avec satisfaction, bien que sans nous y
appesantir, — la chose étant très connue — le merveilleux essor des groupements mixtes agricoles et leur
hiérarchie imposante ; et nous avons tenu à préciser les

règles dont l'observation doit assurer le développement
continu de ce grand mouvement d'organisation professionnelle de l'agriculture.

Que conclure de tout cela ?

Rien d'absolu.

Nous nous sommes efforcé de produire un exposé de
faits sans lacunes, mais sans exagérations.

Dirons-nous, maintenant, que le syndicat mixte est
une panacée sociale ? De panacée sociale, il n'existe
point, et il ne saurait y avoir.

La loi de 1884 a mis entre les mains des divers éléments professionnels un instrument nouveau et singulièrement puissant, de nature, suivant l'usage qui en est
fait, à approfondir les abîmes entre classes ou à les
combler. La pratique du syndicat mixte est, incontestablement, un moyen d'utiliser la loi syndicale dans un
sens de rapprochement et d'apaisement. Est-ce le
seul ?

Quelques hommes compétents prétendent que, —
sauf en ce qui concerne les milieux agricoles, — le
torrent syndical n'ayant pu être dirigé, dès le début, du
côté des associations mixtes, il est trop tard pour tenter
de le ramener vers un lit nouveau et qu'il est plus sage
et plus pratique de chercher à en régulariser le courant
actuel. — Ils préconisent à cet effet la fondation, à côté
des syndicats séparés, opposés et hostiles, de syndicats
parallèles, indépendants, mais animés d'intentions réciproquement bienveillantes, qui pourraient, dans la suite,

s'aboucher par l'intermédiaire de délégués permanents traitant d'égal à égal.

C'est là une conception séduisante au premier abord, mais d'une réalisation plus difficile encore que le syndicat mixte.

Dans l'état présent des esprits, il est presque chimérique de compter former des groupements nombreux composés des seuls ouvriers, discutant les différentes questions professionnelles sans passion ni emportement, et n'aboutissant pas à des revendications excessives et à des prétentions exagérées.

Et d'autre part, comment espérer intéresser les patrons à ces associations ouvrières avec lesquelles ils n'auront jamais que des rapports d'affaires qui se règleront par l'entremise de la commission mixte, à l'exclusion de tous autres liens communs et de toutes relations plus intimes ?...

Il nous semble opportun de transcrire, à nouveau, ici l'appréciation d'une femme éminente, fondatrice d'un des syndicats mixtes les plus prospères : « Les groupements séparés éveillent presque infailliblement, entre les divers éléments corporatifs, l'idée de défense, trop voisine de l'idée d'agression. »

Nous souhaitons donc, en définitive, la multiplication et le développement des syndicats mixtes ; et nous croyons ces syndicats à la fois utiles et réalisables.

Nous espérons même grandement qu'ils n'ont pas dit leur dernier mot.

Mais, pour qu'ils prennent toute l'importance qu'ils devraient avoir, et pour qu'ils remplissent le rôle qui leur incombe, il serait bon, évidemment, qu'on les encourageât au lieu de les entraver.

Et nous avons ici plus d'un vœu à émettre à l'adresse du législateur.

Nous demandons d'abord, qu'en compagnie de toutes les associations professionnelles quelconques (1), on accorde aux syndicats mixtes un droit de propriété immobilière plus étendu que l'état auquel ils sont réduits aujourd'hui. — Et puisque nous parlons ici de l'extension de la personnalité civile, disons de suite que nous en revendiquons le bénéfice pour les unions de syndicats, comme pour les syndicats eux-mêmes. — Nous ne voyons pas, d'ailleurs, pourquoi l'on n'admet pas actuellement des unions à faire partie d'une union plus vaste. Je sais bien que le résultat est obtenu, en pratique, malgré la loi, grâce à des subterfuges ; mais on conçoit difficilement le péril qu'il y aurait à ce que les unions régionales de syndicats puissent *légalement* se fédérer en unions centrales d'une même profession, tandis que les avantages de la chose sont très apparents.

Nous le répétons, nous souhaitons voir opérer ces diverses réformes en faveur de tous les syndicats pro-

(1) Nous considérons, en effet, que la personnalité civile complète appartient de droit naturel à toute collectivité professionnelle et qu'elle ne doit pas être réservée comme un privilège aux seuls syndicats mixtes.

fessionnels, complets ou incomplets, mixtes ou séparés.
Est-ce à dire que nous jugeons superflu que l'on
réserve quelque privilège aux associations mixtes ?

Loin de nous une pareille pensée. — Seulement,
nous désirons pour elles des privilèges différents des
précédents.

Faute d'une organisation corporative des professions
économiques, il n'existe aujourd'hui aucune autorité
compétente en situation de trouver et de proposer une
solution uniforme et satisfaisante aux questions qui di-
visent les différents facteurs de la production industrielle et agricole. Aussi, oscille-t-on inévitablement,
en ces matières, de l'anarchie à l'intervention incom-
pétente du pouvoir central.

Quel corps, dans ce chaos, serait mieux à même de
trancher les graves questions en litige que l'association groupant tous les éléments professionnels, et leur
assurant une représentation distincte et exactement en
rapport avec leur importance réciproque ?

Or, les décisions prises présentement par le conseil
syndical n'obligent même pas les membres du syndicat.
Cela est fort heureux d'ailleurs, car, s'il en était autrement, personne ne voudrait se lier les mains par une
adhésion à une association professionnelle. Néanmoins,
les associations mixtes ne sauraient remplir utilement
le rôle de réglementation technique et professionnelle
(conditions du travail, — taux des salaires et des baux,
— apprentissage, etc.) pour lequel elles sont tout spécia-

lement désignées, que le jour où leurs décisions pourront, par une homologation administrative dont les conditions d'intervention seraient à déterminer soigneusement, être rendues obligatoires pour l'ensemble des établissements exerçant la profession, au moins dans un rayon donné.

Une disposition légale de cette nature acheminerait insensiblement vers l'adoption du régime de la corporation essentiellement libre, mais ouvertement privilégiée, qui paraît être la forme d'organisation professionnelle de l'avenir, mais dont la conception ne semble pas suffisamment acclimatée encore dans notre pays.

TABLE DES MATIÈRES

Pages

Avant-Propos   1

CHAPITRE I. — Coup d'œil historique : suppression des
corporations de métiers ; anarchie, renaissance de
l'idée corporative   3

§ 1. — Destruction doctrinaire et révolutionnaire. —
Abolition des corporations et suppression du
droit d'association   4

§ 2. — Anarchie qui en résulte. — Oppression du travail
par le capital : l'industrialisme ; le machinisme ; les sociétés anonymes. — La guerre
sociale : les coalitions et les grèves. — Nécessité, légitimité, utilité du droit de grève. . .   8

§ 3. — L'association, nécessité de droit naturel : renaissance de l'idée corporative. — Mouvement des
esprits et des institutions en France. — Les
associations de fait avant la loi de 1884 : vestiges des corporations passées ; compagnonnages ; chambres syndicales. — Les partisans
du retour à l'organisation corporative : l'œuvre
des Cercles catholiques d'ouvriers. 12

Pages

§ 4. — Les progrès de l'idée corporative à l'étranger : les lois et les mœurs. — Les pays où s'est exercée l'influence française : Belgique, Hollande, Suisse. — L'Angleterre et les Trades-Unions ; les États-Unis. — L'Allemagne : les associations libres et les institutions d'État. — L'Autriche : la loi de 1883 et les corporations obligatoires. — Hongrie ; Italie ; Russie. Pays scandinaves et ibériques **17**

CHAPITRE II. — LA LOI DE 1884 : SES EFFETS ; L'ÉCOLE SOCIALE CATHOLIQUE : LE SYNDICAT MIXTE. **37**

§ 1. — La loi du 21 mars 1884. — Son caractère, son insuffisance. — La liberté d'association, droit primordial : son corollaire naturel, droit de propriété corporative. — Omissions et restrictions de la loi sur les syndicats **38**

§ 2. — La liberté de l'association professionnelle et l'expansion syndicale. — Préventions et déviations : les syndicats de combat **44**

§ 3. — L'école corporative chrétienne et les syndicats de pacification : les syndicats mixtes. — Ce qu'ils sont : ce qui les différencie des coopératives, par exemple. — Ce qu'ils embrassent : la grande industrie, les arts-et-métiers, le grand et le petit commerce, l'agriculture. — Le côté moral : le rapprochement effectif des classes et l'apaisement des haines. — Le côté professionnel : le contrat du travail, l'apprentissage, le placement. — Le côté économique : la coopération, la mutualité. — Le côté social : l'organisation rationnelle et intégrale du corps d'état.

Pages

— La pacification par l'organisation hiérarchique et la fraternité professionnelle. 57

CHAPITRE III. — LE SYNDICAT MIXTE DANS LA GRANDE INDUSTRIE 68

§ 1. — Le syndicat mixte dans la grande industrie : son urgente utilité ; ses difficultés ; ses conditions de succès. — Succédané nécessaire : le conseil d'usine. — Analogies et distinctions : le Val-des-Bois. — Syndicat d'usine et Conseils d'ateliers.. 69

§ 2. — Monographie des syndicats mixtes de la région du nord de la France. — Lille : La Corporation St-Nicolas. — Tourcoing, Roubaix, Fourmies : Les Syndicats de l'industrie textile et leurs institutions annexes : sociétés de secours mutuel, de consommation, d'épargne, coopératives, immobilières. — Ces sortes de syndicats sont réalisables même en cas d'exploitation par une société anonyme. Leurs institutions plus efficaces que celles du patronage simple 83

§ 3. — Les critiques.—Le caractère religieux : la confrérie. Le syndicat mixte est concevable et réalisable avec une base plus large. — Le caractère patronal : atténuations et améliorations ; l'indépendance et l'initiative laissées aux syndicats ouvriers sur le choix des matières à étudier et la direction de la discussion ; les comités ouvriers d'études sociales ; les institutions économiques et leur gestion. — Le caractère charitable : extension du rôle du syndicat mixte à tout ce qui intéresse la profession et ses auxiliaires 123

Pages

CHAPITRE IV. — LE SYNDICAT MIXTE DANS LES ARTS ET MÉ-
TIERS   134

§ 1. — Dans la petite industrie le syndicat mixte renoue
la tradition des anciennes corporations de métiers dont la suppression a été si dommageable
aux artisans. — Rôle qui incombe au syndicat
mixte ; les obstacles spéciaux ; les formes appropriées. — Statistique. — Insuccès locaux ; leurs
causes ; incompétence de certains fondateurs ;
la tendance trop démocratique et l'exagération
restrictive   135

§ 2. — Quelques exemples des services rendus par les
syndicats mixtes de métiers : 1º la défense
contre les grands magasins par : a) le développement du savoir professionnel ; la restauration
de l'apprentissage, des épreuves de capacité, du
chef-d'œuvre : le Syndicat de l'habillement de
Carcassonne ; — les cours techniques et l'enseignement professionnel : la Corporation des menuisiers et ébénistes de Nantes ; — b) l'union
coopérative ; les magasins de vente : la Corporation Saint-Antoine ; les expositions syndicales : le Syndicat de l'Aiguille de Paris. —
2º l'assistance mutuelle : a) contre les maladies :
presque toutes les corporations ; b) contre le
chômage, par : le placement ; l'assurance mutuelle : Corporation des ébénistes de Nantes ;
le travail : le Syndicat du bâtiment de Blois et
l'exploitation coopérative de la carrière Saint-
Eloi ; — les prêts : Syndicat de l'Aiguille ; —
3º la pacification des ateliers ; la conciliation et
l'arbitrage : Corporation des ébénistes de Nantes
et Corporation des tisseurs lyonnais ; — l'étude

Pages

des questions professionnelles : la Corporation
Saint-Éloi, de Lille, et son comité d'études sociales. 143

§ 3. — Dans quelle mesure le syndicat mixte peut être
utilisé par le petit et le grand commerce. . . 163

CHAPITRE V. — LE SYNDICAT MIXTE AGRICOLE 166

§ 1. — Le mouvement d'organisation professionnelle
agricole né de la loi de 1884 a été une révolution. — Cause principale du succès rapide et de
l'influence bienfaisante des syndicats agricoles :
le caractère mixte, essence même de l'association rurale 167

§ 2. — Tableau sommaire de l'état actuel : les syndicats
grands et petits ; les unions départementales,
régionales, centrale. — Organisation ; fonctionnement ; programme ; institutions annexes.
— Les services matériels, économiques et sociaux rendus par les syndicats agricoles. — Leur
rôle politique. Véritable représentation libre de
l'agriculture française 170

§ 3. — Les écueils à éviter : la crise coopérative. — Il
faut démocratiser, décentraliser, dématérialiser
les syndicats agricoles. — La meilleure circonscription. — La division des compétences : les
commissions d'étude et de propagande. . . . 182

CONCLUSION 197

Les résultats de l'expérience. — Que vaut le syndicat mixte ? — Les syndicats parallèles. . . 197

Réformes législatives désirables : Extension du

Pages

droit de propriété immobilière des syndicats. — Personnalité civile accordée aux unions et droit pour une union de faire partie d'une union plus vaste. — Force obligatoire légale reconnue à certaines décisions des syndicats mixtes : la corporation privilégiée 201

Vu par le Président de la thèse,

     Le 1ᵉʳ Août 1896.

       G. BRY.

           Vu :

          Pour le Doyen,

        Le Professeur délégué,

         Félix MOREAU.

Vu et permis d'imprimer :

     Pour le Recteur,

L'Inspecteur de l'Académie délégué,

    REGISMANSET.

Grande Imprimerie de Blois.
Directeur-Gérant : Emmanuel RIVIÈRE, Ingénieur des Arts et Manufactures.